TUNIS

OUVRAGES DU MÊME AUTEUR ·

Notice historique sur le général Chevert, avec un très-curieux autographe . . . . 1 »»

Le Blocus de Metz en 1870, avec une Carte des environs de Metz. 3 50

Mémoire et Lettres sur quelques réformes à introduire dans notre système financier 1 50

Esquisse sur les Fables de La Fontaine. . 1 25

TUNIS

HISTOIRE — MŒURS — GOUVERNEMENT
— ADMINISTRATION — CLIMAT — PRODUCTIONS —
INDUSTRIE — COMMERCE —
RELIGION — ETC.

PAR

G. des GODINS de SOUHESMES

« Sous le rapport des mœurs,
« TUNIS c'est ALGER ; qui con-
« naît l'un de ces deux Etats n'a
« pas besoin d'étudier l'autre. »

(Histoire et Costumes de tous les peuples.)

PARIS

GUSTAVE GUÉRIN, LIBRAIRE-COMMISSIONNAIRE

11, RUE MAZARINE

1875

Tous droits réservés.

AVANT-PROPOS

Il n'est pas sans intérêt pour les Français de bien connaître la Tunisie. Son voisinage de nos possessions algériennes, la communauté d'origine, les affinités de races, de religion, de coutumes et de caractère qui existent entre ces deux contrées, dont l'une nous est si chère, nous font un devoir d'étudier l'autre, de l'apprécier et de l'aimer.

Nous ne sommes plus au temps où le vieil Orient, ne voulant rien sacrifier de ses traditions séculaires, conservait avec fanatisme des préjugés qu'on lui représentait comme étant la parole de Dieu même. Il méprisait alors les Chrétiens et rejetait ce que nous appelons le Progrès, tandis qu'aujourd'hui, il s'associe à notre œuvre et, en nous connaissant mieux, il nous estime. L'Occident ne peut donc se désintéresser de l'activité que déploient les orientaux pour se rapprocher chaque jour davantage de nos mœurs et de notre organisation sociale.

Bien avant que Constantinople et les autres peuples de l'Islam se fussent décidés à sortir de leur apathie, Tunis, située plus près de la France, était en relations avec nous, et elle avait ressenti les effets bienfaisants de la civilisation occidentale. Depuis longtemps elle s'était convertie à nos idées, aussi peut-on dire qu'elle devança l'Orient dans la voie du Progrès.

La Tunisie s'est donc acquis des titres particuliers à notre sympathie ; cependant nous ne la connaissons presque pas. Peut-être le volume que nous publions remédiera-t-il à cette regrettable ignorance. Malheureusement, nous n'osons nous flatter de n'avoir rien oublié dans la description de ce pays avec son histoire, ses mœurs et ses légendes. En effet, que de choses à dire sur cette société bigarrée, sur ces races différentes par la couleur de la peau, par le costume, par les instincts et par les croyances!

Nous croyons néanmoins que, même réduit aux faits les plus saisissants, notre travail ne manquera ni d'attrait ni d'utilité. Aidé par les souvenirs que nous avions recueillis en Afrique durant un séjour de trois années, nous nous sommes efforcé d'être aussi exact que possible. Ce n'était pas la moindre difficulté de notre tâche, car l'esprit s'égare au milieu de ce monde étrange et original; on se prend souvent à rêver en face de tant de pittoresque et de poésie, et la réalité semble parfois si invraisemblable que l'on doute de ce qui apparaît avec certitude.

Nous tenons à mettre le lecteur en garde

contre ces mêmes impressions. Ce n'est pas un roman que nous lui présentons, mais la description fidèle d'un pays qui offre les mêmes caractères physiques que notre grande colonie africaine, et dont un auteur (1) a pu dire : « Sous le rapport des mœurs, Tunis c'est « Alger; qui connaît l'un de ces deux États « n'a pas besoin d'étudier l'autre. »

(1) M. Casimir Henricy. (*Mœurs et costumes de tous les peuples.*)

TUNIS

I

PRÉCIS HISTORIQUE

Aucun auteur n'a encore pu déterminer d'une façon exacte l'époque à laquelle on doit faire remonter l'origine de Tunis, ni quels furent ses habitants primitifs. Nous devons donc nous en tenir, sur ce point, aux hypothèses, à la tradition, aux légendes ou à certains rapprochements que présentent l'histoire et les écrivains de l'antiquité.

Suivant Strabon, la fondation de cette cité serait antérieure à celle de Carthage, sa voisine qui, d'après ce que l'on sait, existait plus de huit siècles avant l'ère chrétienne (1). Tunis devrait donc être considérée comme la ville la plus ancienne de la région africaine désignée par les géographes orientaux sous le nom de *El-Maghreb* (l'Occident).

Nous croyons que les premiers habitants de ces contrées furent les Garamantes, peuplade du pays de Zab (2), dont on retrouvait encore des débris lorsque, sous le règne de Tibère, Rome eut à vaincre l'insurrection des Maures et des Numides révoltés à la voix de Tacfarinas. — Plus tard, les Lybiens et les Gétules occupèrent ce pays qui, d'après Varron, reçut de nombreux émigrants asiatiques. Procope parle aussi d'une émigration cananéenne d'où les populations d'Afrique tireraient leur origine. Eusèbe et St Augustin prétendent que

(1) Antérieurement à la fondation de Carthage par Didon, princesse de Tyr, vers l'an 860 avant J.-C., deux Phéniciens nommés Zorus et Charcédon étaient venus s'établir sur l'emplacement même de cette ville. Suivant la tradition, cette première descente des Phéniciens sur le littoral d'Afrique aurait eu lieu trente ans avant le siège de Troie, c'est-à-dire en 1230 avant l'ère chrétienne, si l'on adopte pour la prise de cette ville la date fournie par Hérodote, — ou en 1169 selon les marbres de Paros, — ou en 1144 d'après Eratosthène.

(2) Partie sud de la Mauritanie de Sétif et de la Gétulie.

les Carthaginois seraient issus des habitants de la Terre de Canaan réfugiés sur le littoral africain lorsque ceux-ci durent fuir devant Josué. Enfin, Ibn-Khal-Doun, historien Maure du XIVᵉ siècle né à Tunis, dit également que les Berbères proviendraient de souche canaanéenne. — Ce qui est certain, c'est que les Phéniciens trouvèrent le pays de Tunis habité par les Numides que Salluste nous représente comme descendants des Mèdes et des anciens Perses.

Peu à peu, les habitants primitifs Lybiens, Gétules, Mores, Berbères, Numides se confondirent en une seule nation, et la Grèce y établit des colonies qui formèrent la Pentapole de Lybie dont Cyrène, fondée l'an 630 avant J.-C. par les Doriens, fut la première des cinq villes. D'autres cités importantes s'élevèrent sur les bords de la mer, notamment Utique, bâtie par les Lyriens et qui, de même que Tunis, devint sujette de l'empire carthaginois. Aussi, ces deux villes, dont les destinées se trouvaient liées au sort de leur capitale, eurent-elles beaucoup à souffrir durant les guerres Puniques. *Tunes* (ou Tunis), que Tite-Live place à trois milles de Carthage, ne devint florissante qu'après la ruine définitive de cette métropole. Jusque là sa propre existence avait été souvent mise en péril par les continuelles incursions des armées romaines et par les combats qui se livrèrent sous ses murs (1).

Après la destruction de Carthage en 146 par Scipion Emilien, le vainqueur partagea son territoire entre Massinissa, roi de Numidie qu'il voulait récompenser de son alliance, et la province d'Afrique déjà conquise par les Romains. Les Etats de Massinissa comprenaient donc ce qu'on appelle aujourd'hui le *Djerid Tunisien*, et ils s'étendaient jusqu'à Cyrène lorsque son fils Micipsa lui succéda. A la mort de ce dernier, la Numidie fut divisée en trois Etats légués à Hiempsal et à Adherbal, fils de Micipsa, ainsi qu'à Jugurtha, son neveu qu'il avait adopté. Mais celui-ci, après avoir eu recours au crime pour

(1) C'est à Tunis que, l'an 256 avant J.-C., M. Atilius Régulus, général romain, fut attaqué, défait et pris par le mercenaire Xantippe qui commandait les auxiliaires carthaginois.

se rendre maître du royaume entier, fut attaqué par les Romains qui le dépouillèrent en
l'an 106 avant J.-C., et la province d'Afrique
s'agrandit des tribus que Scipion Emilien
avait distraites au profit de Massinissa.

Les Romains appelaient *Afrique propre* ou
proconsulaire la région allant du fond de la
petite Syrte (1) au cap Hermœum (2). Ils en
tiraient du blé, des olives et toutes les riches
productions de ce sol extrêmement fertile ;
c'est pourquoi, Rome ne négligea aucune
occasion d'étendre ses conquêtes sur le littoral
africain. Elle mit en œuvre tous les moyens
capables de lui assurer la possession d'un
pays qu'elle pouvait considérer comme le gre-
nier de l'Italie. En l'an 121 avant J.-C., Caïus
Gracchus y conduisit une colonie et, plus
tard, César Auguste releva Carthage qui devint
bientôt la ville la plus importante de l'Afrique
Romaine.

Mais, pendant que Rome affermissait sa

______

(1) Aujourd'hui golfe de Cabès, en Tunisie, à 320 kil. S. de
Tunis.

(2) Aujourd'hui cap Bon, dans l'Etat de Tunis, au N. E. et
vis-à-vis de la Sicile.

conquête, les peuplades vaincues tentèrent de s'affranchir du joug de l'étranger. Juba, roi de Numidie, se mêla aux rivalités de Pompée et de César, il prit parti pour le premier, fut battu à Thapse, l'an 46 avant J.-C., et dut se faire tuer par son compagnon d'infortune M. Petreius pour échapper au vainqueur. Ses États devinrent province romaine, et son fils fut emmené prisonnier à Rome. Par la suite, le jeune prince obtint d'Auguste un royaume formé des deux Mauritanies et d'une partie de la Gétulie, pays qui comprenaient la Tunisie méridionale ou *Belad-el-Djerid.*

Plus tard, vers l'an 17 de l'ère chrétienne, Tacfarinas, chef Numide ou Maure, se mit à la tête de bandes indépendantes et soutint, pendant huit années, contre les Romains une lutte dans laquelle il fut souvent vainqueur. A sa mort, toutes les tribus qu'il avait soulevées firent leur soumission et se fondirent dans l'élément romain qui dominait en maître du Nil à l'Océan. C'est alors que la noblesse de Rome vint à Carthage dont les environs se couvrirent de palais et de délicieuses villas. Aujourd'hui on voit encore à la Marse, ancienne résidence du Bey, les ruines de ces splendides demeures et, tout près de Tunis, existe le cirque El-Jem qui n'est autre que le magnifique amphithéâtre de Tysdrus élevé par Gordien-l'Ancien.

Cependant, la tranquillité fut de nouveau troublée : Rome dut plusieurs fois porter ses légions en Afrique pour faire rentrer dans le devoir les populations conquises, ou pour châtier les Gouverneurs qui essayaient d'exploiter à leur profit l'esprit de rébellion des indigènes. La plus terrible de ces répressions que l'histoire ait enregistrée est celle qui eut lieu sous Maxence, vers 310, et à la suite de laquelle toute la province fut mise à feu et à sang.

En 375, Firmus, général des Maures, se souleva contre Valentinien II que l'armée d'Illyrie venait de saluer Auguste. Il s'était emparé d'une partie de l'Afrique romaine lorsque Théodose le battit et le réduisit à se donner la mort. Mais c'en était fait de la puissance de Rome sur les côtes d'Afrique, et quand les Vandales y firent leur apparition, ils trouvèrent le pays en plein état de révolte.

Le christianisme souffrit peu de toutes ces secousses qui modifièrent si profondément la constitution politique et religieuse de l'Empire romain. Dès avant Constantin qui, en 313, fit de la foi chrétienne la religion de l'Etat, le christianisme avait pénétré dans l'Afrique Septentrionale où il comptait déjà ses martyrs, notamment Cyprien, Evêque de Carthage en 248 et qui fut persécuté sous l'Empereur Dèce. On doit encore citer parmi les docteurs de l'Eglise qui illustrèrent le diocèse africain Tertullien, surnommé le Bossuet de l'Afrique, né vers 160 à Carthage, puis saint Augustin, né en 354 à Tagaste ville de Numidie, et qui, Evêque d'Hippone en 395, y mourut en 430 pendant le siége de cette ville par les Vandales.

En effet, il y eut un moment où les pays soumis au christianisme furent envahis nonseulement par les doctrines des hérésiarques, mais encore par des peuples infidèles qui, aidés de la force des armes, désolèrent les contrées où ils parurent. Les plus odieusement célèbres furent les Vandales qui avaient embrassé l'hérésie d'Arius et qui, d'origine Slave, s'étaient étendus des côtes de la Baltique et de la Dacie Trajane (1) sur la Gaule et l'Espagne. En l'an 428, sous leur roi Genseric, ils traversèrent le détroit de Gibraltar (Djibel-al-Tarik) et passèrent en Afrique où les appelait le comte Boniface, gouverneur de la province. Ils s'établirent d'abord dans la Mauritanie, puis conquirent tout le Nord de l'Afrique, s'emparèrent d'Hippone après quatorze mois de siége, et enfin de Carthage dont ils firent leur capitale en 439. Ces farouches Ariens occupèrent les régions Abaritane, Tingitane et Byzacène, cette dernière dépendant du pays de Tunis, puis la Gétulie, la Numidie, toutes les Mauritanies et la Tripolitaine. Partout ils persécutèrent les chrétiens orthodoxes. En 533, Bélisaire, général de Justinien, apparut devant Carthage à la tête d'une flotte

(1) La Dacie Trajane ou Dacie propre, au nord du Danube, avait pour limites le Pont-Euxin, le Danaster, les Alpes Bastarniques et une ligne diagonale entre le Danube et la Theiss.

C'est du nom Daces qu'on a fait *Deutsch*, qui signifie *Allemand*.—Les ducs de Mecklembourg s'intitulent encore aujourd'hui *Princes des Vandales*.

D'après cette origine doit-on s'étonner de la façon dont les Allemands se sont comportés chez nous pendant la guerre de 1870-1871 ?

partie de Constantinople; la métropole africaine ouvrit ses portes et bientôt après les
autres cités durent se rendre. Enfin, en 534,
Gilimer, roi des Vandales, ayant été défait à
Tricaméron en Byzacène, son peuple fut ex-
terminé et la puissance vandale anéantie pour
jamais en Afrique.

Nous venons de voir les Maures et les Numides subir l'oppression successive des Carthaginois, des Grecs, des Romains et des
Vandales; d'autres destinées leur étaient ré-
servées avec la conquête Arabe. Ils avaient
tellement souffert sous leurs précédents vainqueurs, qu'ils accueillirent les nouveaux arri-
vants comme des défenseurs et non comme
des ennemis de leur indépendance. Il faut
d'ailleurs remarquer que l'esprit aventureux,
nomade et guerrier des Arabes, peuple asiatique, se rapprochait beaucoup de celui des
populations primitives du littoral africain.
Celles-ci avaient une origine presque commune avec leurs vainqueurs actuels, et elles
trouvaient en eux une affinité de race, de
goûts et de caractère bien plus grande qu'avec
les conquérants antérieurs. Et puis, quel ne

devait pas être le prestige des Arabes qui, seize ans après leur constitution à l'état d'empire autonome, commençaient à se révéler comme puissance redoutable? — En effet, sans remonter plus loin que l'ère des Musulmans ou Hégire qui, comme on sait, date du 16 Juillet 622 après J.-C., l'on voit Mohammed, chef de l'Islalisme, persécuté à La Mecque. Il se réfugie à Yatreb, donne à cette ville le nom de Médine ou ville du Prophète (Medinet-al-Nabi) et prescrit à ses sectateurs d'employer les armes à la propagation de la nouvelle religion.

En 638, les Arabes passèrent en Egypte sous la conduite d'Amrou, lieutenant du calife Omar qui détruisit, dit-on, quarante mille temples chrétiens et éleva quatorze cents mosquées (1). Peu après, Mohaviah, le premier Ommiade, s'empara de Tripoli et les Arabes, poursuivant leurs succès, occupèrent tour à tour Cyrène et Kaïrouan, ville du pays de Tunis. Vers 670, cette cité devint la capi-

----

(1) On a aussi prétendu que Amrou avait incendié la bibliothèque d'Alexandrie d'après les ordres d'Omar, mais ce fait ne paraît pas avéré.

tale d'une principauté soumise aux califes et fut considérée comme ville sainte parce qu'elle renfermait le tombeau du barbier ami et confident de Mahommed. De Kaïrouan, les Arabes vinrent mettre le siége devant Carthage qu'ils reprirent en 693 sur les Grecs et qu'ils détruisirent de fond en comble après l'avoir pillée. Les ruines de Carthage servirent à embellir Tunis; aujourd'hui encore on bâtit des palais avec les marbres en provenant.

Tunis, qui dépendait de l'empire de Kaïrouan, profita des splendeurs de la gloire musulmane. Les Arabes faisaient fleurir l'agriculture, l'industrie, les arts, la poésie, la philosophie, ainsi que les sciences mathématiques et naturelles. Jean Léon l'Africain parle de missionnaires mahométans qui allaient porter l'Islam aux nègres des déserts et qui firent abolir les sacrifices humains ainsi que bien d'autres coutumes horribles. On vit aussi les Arabes ou Sarrasins pénétrer victorieusement jusqu'à l'Océan Atlantique; ils envahirent l'Espagne, firent trembler Rome et menacèrent la France. Ils dominaient sur l'Arabie, la Syrie, l'Egypte, la Perse, l'Afrique septentrionale et l'Espagne. Mais, dès 750, ce vaste empire fut morcelé au milieu des luttes soutenues par les dynasties ou califats des Ommiades, des Abbassides, des Aglabites, des Thoulounides et des Fatimites (1) qui se dépouillèrent réciproquement ou se rendirent indépendants des califes d'Orient.

(1) Les *califes* ou vicaires, c'est-à-dire les premiers successeurs de Mohammed, réunissaient le pouvoir temporel et spirituel. Il y avait trois grands califats : 1° Celui d'Orient dont le siége fut à La Mecque jusqu'à la mort d'Ali, cousin de Mohammed et époux de Fatime, fille du prophète ; puis à Damas sous la famille des Ommiades, et à Bagdad sous celle des Abbassides ; — 2° Celui de Cordoue fondé par Abdérame, de la famille des Ommiades ; 3° Celui d'Egypte ou des Fatimites fondé par un Alide, descendant d'Ali et de Fatime.

Les *Ommiades* tiraient leur nom d'Ommiah, cousin-germain de l'aïeul de Mohammed et arrière grand-père de Mohaviah, fondateur de la dynastie. Détrônés par les Abbassides, les Ommiades se réfugièrent à Cordoue où ils fondèrent un Etat nouveau.

Les *Abbassides* descendaient de la famille du Prophète par Abbas, oncle de Mohammed, et ils eurent pour chef un arrière petit-fils de cet Abbas, nommé Aboul-Abbas-al-Saffah. Ils perdirent toute puissance temporelle pour ne conserver que le pouvoir spirituel quand l'un d'eux, Al-Rhadi-Billah, eut créé la dignité d'Emir-al-Omrah. (Chef des Chefs.)

Les *Aglabites* qui siégeaient à Kaïrouan, près de Tunis, avaient pour fondateur Ibrahim-ben-Aglab que Haroun-al-Raschid nomma gouverneur de l'Afrique. Ils furent dépouillés du pouvoir par les Fatimites.

Les *Thoulounides* s'appelèrent ainsi du Calife Al-Mamoun, dont le règne illustre fut comparé à celui de Louis XIV. Ils ne régnèrent que trente-six ans et se rendirent indépendants.

Les *Fatimites* eurent pour chef Obeïd-Allah-al-Mahadi qui prétendait descendre de Fatime, fille de Mohammed, et qui se fit passer pour le *Mahadi,* sorte de Messie annoncé par le Koran. Ils ne furent renversés du trône que fort tard par la dynastie turque des *Ayoubites,* fondée en 1171 par Saladin, fils de Ayoub.

Les califes aglabites de Kaïrouan, possesseurs de Tunis, subirent le sort des autres dynasties; ils furent attaqués par Obeïd-Allah-al-Mahadi, chef des Fatimites, qui s'empara de leur capitale et les détrôna. Les vaincus ayant demandé du secours à Abdérame, calife de Cordoue, celui-ci vint mettre le siége devant Tunis et s'en rendit maître.

En l'an 998, Kaiem ou Caïm, calife fatimite de Kaïrouan, fut supplanté par un Berbère nommé Abul-Ageix pendant qu'il était allé prendre possession de l'Egypte que l'un de ses généraux venait de conquérir. Le calife détrôné fit appel aux tribus méridionales de l'Arabie qui entrèrent dans la Berbérie par le désert de Barquah. Ces nomades avancèrent, dit-on, au nombre de plus d'un million d'hommes, ravageant tout le pays sur leur passage; ils s'emparèrent de Kaïrouan et mirent à mort Abul-Ageix. Les deux fils de ce dernier se réfugièrent l'un à Bougie, l'autre à Tunis dont il se fit reconnaître souverain.

Deux ans plus tard, vers 1100, Tunis tomba au pouvoir de l'Emir-al-Moumenine (Prince des Croyants) Yousouf-ben-Taschfyn, fonda-

teur de Maroc, et dont les Etats comprenaient
non seulement l'Espagne musulmane conquise
après sa victoire de Zelaka sur le roi de Castille Alphonse VI, mais encore le royaume de
Fez, celui de Tlemcen et toute la contrée qui
forme aujourd'hui l'Algérie. Cependant il ne
paraît pas qu'il ait annexé Tunis à son vaste
empire, car les descendants d'Abul-Ageix régnèrent dans cette ville jusqu'en 1140, et ils
n'en furent chassés que par Abou-abd-Allah-
Mohammed-al-Mahadi, chef de la dynastie des
Almohades (1).

Les Almoravides (2), sous Yousouf-ben-
Taschfyn, l'un de leurs chefs, avaient, ainsi
que nous venons de le voir, considérablement
étendu leurs possessions lorsque, vers 1120,
ils furent attaqués par les Almohades. Chassés d'Aghmat, leur capitale, ils perdirent successivement les royaumes de Fez, du Maroc,
la régence d'Alger et les côtes méridionales de

(1) Les *Almohades* (de l'arabe *al-mouahedyn*, unitaire), prétendaient être les seuls qui reconnussent l'unité de Dieu. Ils
étaient de race maure.

(2) Les *Almoravides* tirent leur nom des mots arabes *al-mora-
beth* qui signifient religieux, ermite, et dont, par corruption,
on a fait *marabout*. Ils étaient originaires de l'Yémen.

l'Espagne que leur enleva Abd-el-Moumen. Son successeur Yakoub étendit la puissance des Almohades jusqu'au désert de Barquah, anéantit le pouvoir des Almoravides qui se réfugièrent dans l'île de Majorque où les accueillit le calife de Cordoue.

Le pays avait grand besoin de se remettre de tant de révolutions; les cent trente années du règne de la famille des Almohades furent une ère de calme et de prospérité durant laquelle Tunis devint très-florissante. Son commerce s'accrut considérablement, elle exportait la plupart des produits de son industrie, blé, huiles, fruits secs, corail, poudre d'or, maroquin, tapis, étoffes précieuses, etc. De son côté, l'Europe lui envoyait de l'or et de l'argent monnayés, des bateaux, des navires, de la quincaillerie, des draps, des soieries et jusqu'à des toiles de Rouen. Tunis étendait surtout ses relations avec l'Italie; un grand nombre d'habitants de Pise s'étaient fixés dans les États du roi de Tunis, et des traités conclus avec les Pisans, les Gênois et les Vénitiens assuraient les transactions commerciales. Les chrétiens avaient le droit d'aller et de venir dans la contrée, de vendre, d'acheter, de s'établir, de posséder des églises et des cimetières. Mais la puissance des Almohades s'était affaiblie dès 1212, après la bataille de Tolosa que les rois de Castille, d'Aragon et de Navarre gagnèrent contre les Maures. Vers 1236, ceux-ci furent chassés d'Espagne par Ferdinand III, puis ils perdirent la plus grande partie de leur territoire africain qui tomba au pouvoir des Zeïrites et des Mérinites. En 1270, les Mérinites possédaient tout l'empire des Almohades, et Tunis changea de maîtres encore une fois.

Expulsés de Sicile par les princes de la maison de Hohenstaufen, les Maures vinrent en Afrique rejoindre leurs coreligionnaires réfugiés de Cordoue et de l'Andalousie. Néanmoins, la puissance maure n'était pas encore tout-à-fait anéantie dans l'Espagne ; leur roi Boabdil (Adou-abd-Allah-Mohammed) régnait encore à Grenade où il se maintint jusqu'en 1492, époque à laquelle il en fut chassé par Gonsalve de Cordoue, lieutenant de Ferdinand-le-Catholique. Cet échec amena une émigration presque générale des Maures qui se répandirent dans les villes du Maghreb et surtout à Tunis où se retira notamment l'illustre tribu des Abbencerrages poétisée par Chateaubriand.

Malgré ces nouvelles secousses, Tunis et les pays voisins continuèrent de prospérer. Leurs historiens et géographes produisirent des travaux célèbres que l'on consulte encore aujourd'hui. Citons le géographe Edrisi qui vécut à la cour de Roger II, roi de Sicile, l'historien Aboul-Faradj, chrétien et évêque d'Alep, Aboul-Feda qui se distingua à la fois comme écrivain et comme guerrier au temps des croisades, Méhémet-ibn-Batouta dont les notions servirent plus tard à Jean Léon l'Africain pour sa *Description de l'Afrique*. Des caravanes de marchands partaient de Tunis et se dirigeaient sur la Guinée et Tombouctou, de nouveaux traités d'amitié et de commerce avec Florence, la Provence et la Sicile accordaient à ces pays les mêmes avantages que ceux dont jouissaient déjà Pise, Gênes et Venise. Enfin, les chevaliers ou seigneurs chrétiens prenaient du service auprès des souverains de Tunis qui entretenaient des troupes soldées de Toscans, d'Allemands et d'Espagnols.

En 1249, le trône de Tunis était occupé par Mohammed-Mostanser que St Louis, roi de France, vint attaquer en 1270 dans l'espoir de le convertir (1). On sait que le saint roi mourut de la peste presque aussitôt après son arrivée sur les ruines de Carthage, et que son frère Charles d'Anjou prit le commandement de l'expédition. Mohammed-Mostanser vaincu par les croisés ne dut son salut qu'à l'épidémie qui ravagea le camp français. Néanmoins, pour obtenir la paix, il paya les frais de la guerre et se soumit aux conditions que lui imposa Philippe-le-Hardi. Les chrétiens, qui déjà pratiquaient leur religion dans ces contrées avec la plus entière sécurité, reçurent l'autorisation d'y fonder des couvents. Bientôt après divers ordres monastiques s'établirent à Tunis et, en 1271, on y voyait des Cordeliers et des Dominicains.

Le pays était en pleine période de calme,

______

(1) Le bon sire de Joinville rapporte que son maître était venu « devant le chastel de Carthage » parce qu'il s'était flatté de voir « le roi de Thunes se chrestienner luy et son peuple. »

de tolérance et de prospérité; l'empire de Tunis comprenait les villes de Bône, Bougie, Tripoli, La Calle, Collo, Djigelli, Dellys et Cherchell. Les Maures y avaient apporté leur industrie et leurs richesses, les traités de commerce étaient ponctuellement exécutés, et le roi de Tunis, loin de se livrer à la piraterie, prenait sous sa protection et sa garde particulière les vaisseaux de toute nation que la tempête jetait sur les côtes d'Afrique. Si plus tard, Tunis eut ses corsaires, ce fut bien moins pour écumer les mers que pour se défendre contre les Cypriotes, les Catalans, les Siciliens, les Vénitiens, les Pisans, les Gênois et tant d'autres européens qui avaient fait de la piraterie un véritable métier.

Les choses durèrent ainsi jusqu'en 1391, année qui vit surgir une querelle entre le roi de Tunis et les Gênois. Ceux-ci, incapables de faire leurs propres affaires, se mirent entre les mains de la France, et le roi Charles VI envoya devant Al-Mahdya ou Africa une flotte commandée par son oncle Louis II, duc de Bourbon. Cette expédition se termina avec succès : les Tunisiens durent retirer leurs menaces et s'engager à ne rien tenter contre les Gênois.

Tandis que Tunis jouissait d'une paix bienfaisante, Alger (*Al-Gézaïr*) s'était aussi développée, mais par d'autres moyens. Cette ville ne fut pendant longtemps que la capitale d'une petite principauté où régnaient les Zégris ou Zéïrites; puis, après avoir traversé les changements et les luttes qui bouleversèrent l'Afrique septentrionale, elle devint un nid de pirates d'où les forbans se répandaient sur toute la Méditerranée. Autour d'elle, les tribus berbères, arabes et maures s'étaient affaiblies au point que ces glorieux conquérants, qui avaient rempli le vieux monde de terreur ou du bruit de leurs exploits, tombaient en pleine décadence. C'est alors que les Espagnols opérèrent une descente sur les côtes africaines; ils s'étaient emparés d'Oran en 1509 lorsque les Algériens, craignant pour leur sécurité, forcèrent leur cheik Salem-ebn-Temi de réclamer le secours d'Aroudj (l'aîné des deux Barberousse), célèbre corsaire qui s'était fait une grande réputation d'audace et d'habileté en infestant la mer Méditerranée. — Barberousse avait obtenu, en 1505, du roi de Tunis le droit de bourgeoisie et la cession des îles de Ger-bha qui lui servaient de repaire, mais cela ne pouvait suffire à son ambition; aussi vit-il avec une joie réelle les Algériens s'adresser à lui. Son influence ne pouvait que grandir, il se sentait déjà redoutable et prévoyait ce qu'il lui serait possible de vouloir quand il tiendrait toutes les populations du littoral d'Afrique enchaînées soit par des traités, soit par la crainte. Il s'empressa donc de répondre à l'appel de Salem, bien moins pour le protéger qu'avec l'intention de se rendre maître d'Al-ger et de conserver sa conquête. En 1516, il s'empara de cette ville, détrôna le cheik, mais il échoua au siége de Bougie où un boulet lui emporta le bras gauche. Néanmoins, il avait considérablement étendu sa domination quand Charles-Quint, voyant ses provinces d'Afri-que menacées par cet audacieux ennemi, di-rigea contre lui une armée considérable qui le défit à Tlemcen en 1518. Aroudj fut tué à cette bataille, et son frère Khaïr-Eddyn lui succéda.

L'un des premiers actes du nouveau Gouverneur d'Alger fut, afin de consolider sa puissance, de se mettre sous la protection de Selim, Sultan de Constantinople, en le reconnaissant pour souverain d'Alger. Selim accorda le titre de *Dey* à Khaïr-Eddyn, le déclara son vassal ou tributaire et lui donna une garnison de Janissaires. — Lorsque Selim mourut en 1520, son successeur Soliman entreprit une série de guerres contre la Hongrie, les Hospitaliers de Rhodes et l'Empire d'Allemagne. Il avait confié le commandement des flottes ottomanes à Khaïr-Eddyn qu'il nomma premier Capitan-pacha et, avec l'aide de ce grand marin, il remporta d'éclatantes victoires. Le second Barberousse venait d'enlever aux Vénitiens leurs dernières possessions en Morée et dans l'Archipel lorsqu'il apprit que le roi de Tunis Muley-Haçan avait soulevé contre lui les tribus de la Mitidja et du Sahel. Aussitôt il revint en Afrique, prit possession de Tunis et de Bizerte en 1534, chassa Muley-Haçan, et il allait descendre en Italie quand Charles-Quint se mit en campagne. Tunis fut repris, et Muley-Haçan remonta sur le trône en 1535; mais celui-ci ayant reconnu Charles-Quint pour suzerain, une garnison espagnole occupa le fort de la Goulette.

Tunis ne demeura que très-peu de temps au pouvoir des Espagnols, car Sinan-Pacha s'en empara, vers 1574, au nom du Grand-Seigneur le Sultan Selim II. On raconte qu'après la reddition de la Goulette, Sinan-Pacha fit venir devant lui Don Pedro de Carroga qui gouvernait cette forteresse pour le Roi d'Espagne, lui reprocha sa lâcheté, le souffleta et l'envoya prisonnier à Constantinople (1).

La domination des Turcs ouvrit une ère nouvelle pour Tunis. Cette ville reçut un pacha, administrateur supérieur qui gouverna de concert avec le Dey ou chef de la milice des Janissaires. La forme du gouvernement était aristocratique, le Dey reconnaissait la suzeraineté de la Porte, il était élu par le Divan ou conseil suprême, lequel était lui-même choisi par le Dey et composé des principaux officiers des Janissaires. Aussi vit-on

____

(1) *Notice sur la Régence de Tunis*, par J. Henri Dunant.

bientôt ces derniers acquérir une puissance redoutable ; ils étaient réellement les maîtres du pays, puisque, revêtus du droit exclusif d'élection, ils tenaient les Deys à leur merci, pouvant toujours les déposer à leur gré.

En 1630, Tunis possédait 4000 de ces Janissaires et leur chef Kara-Osman gouverna pendant un grand nombre d'années. Le Pacha turc, qui recevait le tribut pour le Sultan de Constantinople, ne tarda pas à voir son autorité réduite à ce rôle secondaire. Jusque vers la fin du xviiᵉ siècle, les Deys accrurent leur influence et, dès 1684, le Sultan de Constantinople n'exerçait plus guère qu'un droit de suzeraineté nominale sur la Tunisie.

Lorsque les deux frères Mahmoud et Aly dépossédèrent le Dey Mahmed Ichleby, ils prirent d'eux-mêmes le titre de *Bey*, c'est-à-dire prince ou seigneur qui avait alors la plus haute importance, car il appartenait aux souverains turcomans. Ces usurpateurs rétablirent ensuite la monarchie héréditaire en la personne de Mahmoud, et celui-ci devint le premier Sultan de Tunis. Les Beys, tout d'abord, ne rompirent pas absolument avec

la Porte dont ils voulaient bien encore se dire
les vassaux; ils daignaient accepter du Sultan
le titre de Pacha à trois queues (1), mais bientôt ils cessèrent de payer le tribut au Grand-
Seigneur et se contentèrent de lui envoyer,
chaque année, des présents plus ou moins
magnifiques.

C'est sous le règne du Bey Mahmoud, en
1685, que le maréchal d'Estrées, au nom de
la France, conclut avec Tunis les *Capitula-
tions* qui réglèrent les droits et les priviléges
de nos nationaux habitant ce pays. Jusqu'alors,
nous n'avions eu que des relations peu suivies
avec les Etats du Nord de l'Afrique et, sauf
un comptoir français établi à La Calle en 1520
et quelques concessions commerciales à Bône
accordées par Sélim II à Charles IX, aucun
traité important n'existait entre la France et
Tunis.

En 1689, le Dey d'Alger prétendant avoir à
se plaindre des Tunisiens attaqua leur capitale, força Mahmoud à prendre la fuite et mit

---

(1) Chacun sait que les Pachas font porter devant eux, comme
insigne de leur dignité, des queues de cheval. On en porte deux
devant les uns, trois devant les autres, suivant le rang qu'ils
occupent dans la hiérarchie.

sur le trône un certain Ahmed-ben-Chouques. Mais le Bey revint bientôt à la tête de nombreuses tribus arabes de l'intérieur et reconquit Tunis en 1695.

Il eut pour successeur son troisième frère Ramhadan qui mourut au milieu d'une émeute populaire suscitée par Mourad, fils d'Aly-Bey. Tout ce qu'on sait de ce Mourad, c'est qu'après avoir détrôné son oncle il se rendit odieux par ses cruautés et sa tyrannie.

Le 10 juin 1702, Brahim-el-Chérif assassina Mourad et fut placé à la tête du gouvernement. Le pouvoir lui appartint jusqu'en 1705, époque à laquelle il mourut à Porto-Farina, près de Bizerte, après avoir été fait prisonnier par les Algériens.

L'armée appela alors au trône Hussein-ben-Aly de qui descend la dynastie des Beys actuels. Cette famille a été la gloire et l'honneur de Tunis. Presque tous les princes qu'elle a donnés au pays sont des hommes de haute distinction et remarquables par leur caractère, leurs talents, ainsi que par leur intelligence, leur générosité et la sagesse de leur gouvernement.

Les premières années du règne de Hussein-ben-Aly furent très-calmes. Malheureusement de coupables intrigues vinrent l'assaillir jusque dans son palais et bouleversèrent encore une fois le pays. Hussein, resté sans enfants, avait adopté un de ses neveux nommé Aly quand, plus tard, il épousa une gênoise qui lui donna trois fils. Malgré son adoption, Aly, se trouvait donc exclu de la souveraineté. C'est alors que Hussein voulut dédommager son neveu en le faisant nommer Pacha par la Porte. Aly prit le nom d'Aly-Pacha ; mais, au lieu de garder quelque reconnaissance d'une telle faveur qui témoignait à la fois de la réelle affection et de la grande honnêteté de son oncle, il se fit secrètement un parti dans Tunis et se révolta contre le Bey. Aly-Pacha, après avoir été battu, se rendit à Alger et parvint à décider les habitants de cette ville à marcher sur Tunis. Ceux-ci remportèrent, en 1735, une victoire qui força Hussein-ben-Aly à se réfugier à Kaïrouan. La lutte se prolongeait depuis cinq ans lorsque le Bey fut surpris et assassiné par Younès, fils d'Aly-Pacha.

Maître de Tunis, Aly-Pacha ne sut pas faire oublier la criminelle origine de son pouvoir ; il se brouilla avec son ancien complice le Dey d'Alger, Aly-Tchaouy, qui s'allia au Bey de Constantine pour faire la guerre contre Tunis. En 1756, Aly-Pacha fut étranglé et Mahmoud, fils de Hussein, reprit la succession de son père.

Ce prince régnait depuis deux ans à peine lorsqu'il mourut, laissant deux fils en bas-âge : Mahmoud et Ismaël. Leur oncle Aly-Bey prit la régence au nom de Mahmoud, l'aîné de ses neveux, mais il fut lui-même bientôt appelé au trône et il resta à la tête du gouvernement jusqu'à sa mort, vers 1782.

L'administration d'Aly-Bey fut très-prospère pour le pays. Tunis avait alors plus de 150,000 habitants, dont 30,000 israélites ; ces derniers qui, de tout temps, se sont si bien entendus aux affaires, firent fleurir son commerce et, malgré leur peu de goût pour l'industrie proprement dite, ils aidèrent néanmoins au développement de cette source de richesses. En 1769 et 1770, Aly-Bey eut quelques contestations avec la France ; il s'en fallut même de bien peu qu'une guerre sérieuse n'éclatât entre nous et ce souverain. Le gouvernement de Tunis contestait à la Compagnie Royale d'Afrique le droit de pêcher le corail sur ses côtes, tandis que la France entendait maintenir le privilége de nos nationaux. Toutefois, la cause principale de notre rupture avec le Bey de Tunis avait une importance beaucoup plus considérable. On sait que le traité de Cateau-Cambrésis, signé en 1559, garantissait aux Gênois la possession de l'île de Corse qu'ils avaient conquise, en 1481, sur les Pisans. Mais, en 1735, 1741 et 1755, les Corses, entraînés par Hyacinthe Paoli et Théodore de Neuhof (1), s'insurgèrent contre les Gênois et soutinrent une lutte acharnée pour obtenir leur indépendance. Gênes, ne pouvant dompter ce peuple rebelle, offrit au duc de Choiseul, ministre de Louis XV, de vendre ses droits à la France et, le 15 août 1768, la Corse fut réunie à notre pays. A ce moment, Tunis était en guerre avec les Corses; sans tenir compte de l'incorporation de l'île à la France,

____

(1) Cet aventurier naquit à Metz.

ou peut-être ignorant les faits accomplis, le Bey continua les hostilités, et refusa de nous rendre plusieurs bâtiments corses saisis par lui postéricurement au traité qui faisait de l'île une possession française. La situation, comme on le voit, était très-tendue lorsque survinrent de nouvelles complications à la suite d'une rixe entre deux capitaines de navires, l'un Français, l'autre Tunisien. Celui-ci avait criblé de coups son adversaire, et le Bey ne voulait accorder aucune réparation. Ces divers outrages motivèrent l'envoi d'une flotte française sur les côtes de Berbérie; l'escadre commandée par le comte de Broves mouilla, le 21 juin 1770, devant le fort de la Goulette dont elle opéra le blocus. — On essaya de parlementer avec le gouvernement de Tunis, mais ces pourparlers n'ayant pu aboutir, la flotte française bombarda les villes du littoral. — Sur ces entrefaites, le Sultan de Constantinople envoya à Tunis un médiateur qui parvint à aplanir le différend, et l'escadre rentra en France. Le bey s'engageait à laisser pendant cinq ans encore la Compagnie Royale exploiter la pêche du corail, il rendait les Corses capturés depuis la réunion de l'ile à la France et il promettait de punir le capitaine tunisien qui avait frappé notre compatriote. — Peu après, le gouvernement de Tunis envoya en France une ambassade qui fut accueillie avec beaucoup d'égards et qui reçut de riches présents.

Cette expédition en Tunisie avait présenté certaines particularités que nous devons citer parce qu'elles sont fort honorables pour le Bey dont elles montrent le haut esprit de loyauté non moins que la grandeur des sentiments. Le consul de France s'était retiré à bord de l'un des bâtiments de la flotte, et nos vaisseaux venaient d'ouvrir les hostilités en coulant un petit navire tunisien quand les négociants français établis à Tunis sollicitèrent du souverain la permission de quitter la ville. Ils obtinrent cette faveur sans la moindre difficulté ainsi que les capitaines marchands surpris à la Goulette par la déclaration de guerre. Bien plus, le Bey ordonna qu'en l'absence du consul de France, les intérêts commerciaux de nos nationaux seraient préservés et soumis jusqu'au rétablissement de la paix à la garde d'agents qu'il établit dans leurs maisons ou magasins. — Voilà, certes, une conduite vraiment admirable et que feraient bien d'imiter certains peuples qui, de nos jours, se flattent d'être à la tête de la civilisation.

Aly-Bey fut remplacé sur le trône par son fils Hamouda-Pacha qui, dès son enfance, avait fait preuve d'une intelligence et d'une précocité remarquables. Au pouvoir il ne démentit aucune de ces promesses, il devint très-populaire, et son règne de trente-deux ans fut un des plus célèbres que l'histoire puisse glorifier. On a quelquefois comparé Hamouda à St Louis pour sa réputation de justice et la sagesse de son administration. Il se montrait si bienveillant pour les étrangers, que le consul de France, dont une des prérogatives était de protéger tout chrétien arrivant à Tunis, n'avait qu'à laisser au Bey le soin de pourvoir à la sécurité des Européens.

Lorsque Hamouda-Pacha mourut en 1814 Tunis était en relations politiques et commerciales avec la France, l'Angleterre, la Hollande, la Suède, le Danemark, l'Espagne, l'Allemagne, Venise et quelques autres villes de l'Adriatique. Mais, de toutes les nations, la France était celle qui inspirait le plus de sympathies aux Tunisiens : notre représentant avait le pas sur les autres consuls et, malgré les malheurs qui nous accablèrent à cette époque de notre histoire, le pavillon français ne perdit rien de son prestige dans les états du Bey. Les Orientaux avaient gardé une sorte de vénération pour Napoléon Iᵉʳ; aussi quand Hamouda construisit son palais de ville, il orna plusieurs galeries de tableaux ou de gravures reproduisant les batailles de l'Empire. On rapporte même qu'un Maure ayant, un jour, parlé d'une façon inconvenante de l'Empereur et de la France, le Bey lui fit administrer sur-le-champ cent coups de bâton et le condamna à six ans de galères.

Othman-Bey, frère et successeur de Hamouda-Pacha, mourut durant la même année, laissant le trône à son neveu Mahmoud dont le règne plein d'éclat accrut considérablement la prospérité des Etats de Tunis. Il associa au pouvoir son fils aîné Hussein-Bey. On doit citer parmi les faits les plus glorieux du gouvernement de ces deux princes l'aboli-

tion de l'esclavage des chrétiens, au mois de
Mai 1816. Cette mesure était un acte de la
plus haute importance, car depuis les XIIIᵉ et
XIVᵉ siècles, des milliers d'Européens avaient
été emmenés en captivité par les princes de
Tunis, plusieurs fois vainqueurs des chevaliers de Malte et de diverses nations occidentales. Dès 1210, sous Philippe-Auguste, Jean
de Matha, fondateur de l'ordre de la Rédemp-
tion, et l'ermite Félix de Meaux allaient ra-
cheter en Tunisie des esclaves chrétiens.
Tout le monde connaît la courte mais célèbre
captivité de Sᵗ Vincent de Paul à Tunis. Enfin, une Mission permanente de religieux ca-
tholiques-romains s'y établit, en 1624, pour
donner aux esclaves des secours spirituels et
temporels.

Voyons maintenant en quoi consistait cet
esclavage des chrétiens. Chaque nation avait
un bagne particulier, ou vaste bâtiment assez
bien tenu dans lequel les captifs logeaient,
prenaient leurs repas et pouvaient vivre en
famille. Des échanges fréquents ou des ra-
chats avaient lieu entre Tunis et les gouvernements européens, mais beaucoup d'esclaves

devenus libres préféraient rester dans le
pays et s'y mariaient avec des femmes indigènes, formant souche d'une magnifique population de sang mêlé que l'on retrouve encore aujourd'hui à Zahouan. D'ailleurs, comme
le dit Chateaubriand qui visita les *bagni* à la
fin du siècle dernier, le sort des esclaves
était en général fort doux : ceux du Souverain demeuraient au palais et travaillaient à
ses jardins; ceux des particuliers conservaient le métier qu'ils avaient appris en Europe, à charge de remettre journellement une
somme fixe à leur maître, et, moyennant salaire, ils trouvaient aux bagni une nourriture
convenable. D'autres, qui étaient domestiques,
n'avaient rien à produire; ils étaient logés
et nourris à la maison. — Tout ce que l'esclave gagnait en sus de sa redevance quoti-
dienne restait sa propriété; il pouvait donc,
avec de l'activité, de l'énergie, du travail et
de la santé, économiser les 500 ou 1000 francs
exigés pour son rachat.

A la fin du xviiie siècle, il y avait encore
beaucoup d'esclaves chrétiens à Tunis;
c'étaient surtout des Vénitiens, des Napoli-

tains, des Siciliens et des Maltais. Quelques-uns étaient originaires de la Russie et de l'Empire, mais on y trouvait en majorité des Génois, capturés en 1741 après la descente victorieuse d'Aly-Bey dans l'île de Tabarca (1).

Hussein-Bey régna seul après la mort de son père, survenue en 1824. Il continua les belles traditions de Mahmoud, organisa l'armée et lui donna des instructeurs européens. Il était rempli de bonté envers les étrangers qu'il recevait avec beaucoup de distinctions et il accordait aux savants qui venaient explorer les ruines de Carthage toutes les facilités désirables pour le succès de leurs recherches. Hussein-Bey mourut en 1835, laissant le trône à son frère Mustapha-Bey qui ne régna que deux ans.

A la mort de ce dernier, en 1837, son fils Ahmed-Bey prit les rênes du gouvernement.

---

(1) Tabarca, peuplée de Génois pêcheurs de corail, appartenait au marquis de Lomellini qui l'avait reçue des princes Doria et cherchait à la vendre. — La Compagnie Royale d'Afrique, créée par édit du roi de France, se proposait de l'acquérir lorsque le Bey de Tunis, pour empêcher l'occupation française, résolut d'attaquer cette île située à 38 lieues Ouest de sa capitale. Il s'en empara, et 842 habitants furent faits prisonniers.

Ce fut un prince digne d'admiration et qui s'illustra par l'excellence de son caractère, la générosité du cœur, son esprit et sa haute capacité. Le règne d'Ahmed peut se résumer dans ces deux mots : « Progrès et Civilisation. » Marchant sur les traces de son oncle Hussein-Bey et de son aïeul Mahmoud, il déclara en 1842, sur les instances du Consul de France, qu'à l'avenir tout enfant qui naîtrait de parents esclaves serait libre, puis, peu de temps après, il abolit complètement l'esclavage des hommes de couleur. On lui doit aussi l'émancipation des Juifs que les indigènes proprement dits tenaient dans un état de mépris et d'abjection allant parfois jusqu'à la persécution. Ahmed-Bey ne fut pas moins libéral vis-à-vis des chrétiens, et l'Évêque catholique romain reçut des marques nombreuses de sa munificence. On sait que ce prince vint à Paris en 1846; les chroniques de l'époque parlent des riches présents qu'il fit à plusieurs souverains de l'Europe, mais c'est encore à la France qu'il témoigna ses préférences. Lors des inondations de la Loire, sous Louis-Philippe, il souscrivit pour 30,000 francs au profit de nos malheureux compatriotes.

Sa bienveillance pour les Français était telle qu'il avait placé sous la direction du commandant de Tavern l'école militaire de Tunis dont MM. Soulié et de Serre étaient professeurs. Cette école, où l'on enseigne l'art militaire, l'arithmétique, la géographie, les mathématiques, la géométrie, l'arabe et le français, reçoit les jeunes indigènes reconnus aptes au service de l'armée. Elle est entretenue aux frais de l'Etat qui prend à sa charge l'entretien et la solde des élèves. Ceux-ci en sortent lieutenants après six années d'études.

Ahmed-Bey avait le rare mérite d'être brave sans orgueil et courageux sans forfanterie, il savait se faire respecter par les autres nations, il avait conscience du mérite et de la valeur de son armée comme des ressources dont son petit royaume pouvait disposer. Aussi disait-il, en parlant des complications qui survinrent entre Tunis et la Sardaigne : « Si j'avais « affaire à la France ou à l'Angleterre, je « céderais, mais je ne fléchirai pas en face

« d'une puissance avec laquelle je suis de
« taille à me mesurer. »

Après un règne de dix-huit ans, Ahmed
mourut dans la nuit du 30 au 31 mai. Il fut
regretté par tous ceux qui avaient eu le bonheur de l'approcher et d'apprécier les mérites
de sa remarquable intelligence. Les Tunisiens
le pleurèrent comme un père, juste hommage
à la mémoire de ce prince qui avait été le
bienfaiteur de leur pays.

Il laissa le trône à son cousin Sidi-Mohammed, homme d'une profonde sagesse, qui dota
le royaume de Tunis d'un *pacte fondamental*
promulgué le 20 Moharrem 1274 (1). Cet acte
important, complété par des *explications* qui
ont force de loi, contribue puissamment à
soutenir le pays dans la voie du progrès.
Voici le texte de cette *Constitution* et de la
*Loi organique ou code administratif et politi-
que du royaume Tunisien.*

____

(1) Correspondant à notre année 1857.

TEXTE

DU PACTE FONDAMENTAL.

« Au nom de Dieu clément et miséricor-
« dieux.

« Louanges à Dieu qui a ouvert un chemin
« à la justice, qui a donné l'équité pour ga-
« rant de la conservation de l'ordre dans le
« monde, qui a réglé le don de la connais-
« sance du droit selon les intérêts, qui a pro-
« mis la récompense au juste et la punition à
« l'oppresseur ! Rien n'est aussi vrai que la
« parole de Dieu.

« Que les bénédictions soient sur notre
« Seigneur Mohammed que Dieu, dans son
« livre, a honoré des titres d'humain et de
« compatissant, et qui l'a distingué de pré-
« férence, qui l'a envoyé avec la pratique du
« droit chemin qu'il nous a enseignée et ex-
« pliquée, ainsi que Dieu le lui avait or-
« donné, sur les bases de la permission, de
« la défense du juste et de l'injuste, de sorte
« que la parole de Dieu n'a été l'objet ni de
« changement, ni de fausse interprétation.
« Que le salut et la bénédiction soient sur sa

« famille et ses compagnons qui ont su ensei-
« gner la vérité à celui qui a désiré la con-
« naître, et l'ont convaincu par leur science
« et leurs preuves, qui ont connu la loi par
« texte et par interprétation, et qui nous ont
« laissé comme preuve éclatante leur con-
« duite exemplaire, leur justice et leur équité!

« Je te demande, ô Dieu! de m'accorder
« ton puissant appui pour arriver aux actes
« qui te plaisent, pour que tu m'aides à rem-
« plir ma tâche de Prince, cette tâche qui est
« le plus lourd fardeau que puisse porter un
« homme! Je mets toute ma confiance et tout
« mon espoir en toi : quel plus grand appui
« que celui du Très-Haut?

« La mission que Dieu nous a donnée en
« nous chargeant de gouverner ses créatures
« dans cette partie du monde nous impose des
« devoirs impérieux et des obligations reli-
« gieuses que nous ne pouvons remplir qu'à
« l'aide de son seul secours. Sans cet aide,
« qui pourrait satisfaire à ses devoirs envers
« Dieu et envers les hommes?

« Persuadé qu'il faut suivre les prescrip-
« tions de Dieu en tout ce qui concerne ses

« créatures, je suis décidé à ne plus laisser
« peser sur celles qui sont confiées à mes
« soins ni l'injustice, ni le mépris ; je ne né-
« gligerai rien pour les mettre en pleine pos-
« session de leurs droits.

« Peut-on manquer soit par ses actes, soit
« par ses intentions à de pareils devoirs,
« quand on sait que Dieu ne commet pas la
« moindre injustice et qu'il réprouve ceux qui
« oppriment ses créatures ?

« Dieu a dit à son prophète bien-aimé :
« O David ! je t'ai fait mon calife sur la terre,
« juge les hommes d'après la justice, ne te
« laisse pas guider par la passion, car elle
« t'éloignerait de la voie de Dieu, et ceux qui
« s'éloignent des voies du Seigneur sont des-
« tinés aux tourments les plus affreux, car
« ils ont oublié le jour de la rémunération. »

« Dieu est témoin que j'accepte ses hautes
« prescriptions pour prouver que je préfère
« le bonheur de mes États à mon avantage
« personnel. J'ai consacré à assurer ce bon-
« heur mon temps, mes forces et ma raison.
« J'ai déjà commencé, comme on le sait, à
« alléger les taxes qui pesaient sur mes su-

« jets. Dieu a permis que cette réforme fût
« une source de bien, et ces heureux résul-
« tats ont fait espérer à nos peuples de nou-
« velles améliorations.

« La main des agents infidèles se trouvait
« dès lors paralysée.

« Pour arriver à des améliorations, il faut
« d'abord en établir les bases générales.
« Vouloir y atteindre du premier coup, sans
« les asseoir sur ces bases, serait se créer
« d'insurmontables difficultés.

« Nous nous sommes convaincu que la plu-
« part des habitants de nos Etats n'ont pas
« une confiance entière dans ce que nous
« avons fait pourtant avec les meilleures in-
« tentions. C'est une loi de la nature que
« l'homme ne puisse arriver à la prospérité
« qu'autant que sa liberté lui est entièrement
« garantie, qu'il est certain de trouver un abri
« contre l'oppression derrière le rempart de
« la justice et de voir respecter ses droits jus-
« qu'au jour où des preuves irrécusables dé-
« montrent sa culpabilité, qu'autant qu'il
« sera sûr que cette culpabilité ne résultera
« pas pour lui de témoignages isolés.

« L'homme coupable qui se voit jugé par
« plusieurs n'hésite pas, pour peu qu'il con-
« serve une lueur de raison, à reconnaître
« son crime, et doit se dire : « Quiconque
« outrepasse les limites fixées par le Seigneur
« se condamne lui-même. »

« Nous avons vu le chef de l'Islamisme et
« celles des grandes puissances qui se sont
« placées par leur sage politique à la tête des
« nations donner à leurs sujets les plus com-
« plètes garanties de liberté; ils ont compris
« que c'était là un de leurs premiers devoirs
« dicté par la raison et par la nature elle-
« même. Si ces avantages accordés sont réels,
« le Cheraâ (1) doit les consacrer lui-même,
« car le Cheraâ a été institué par Dieu pour
« défendre l'homme contre les mauvaises
« passions. Quiconque se soumet à la justice
« et jure par elle se rapproche de la piété.

« Le cœur de l'homme qui a foi dans sa
« liberté se rassure et se raffermit.

« Nous avons informé naguère les grands

(1) En français : *Droit, Jurisprudence ;* — du mot *cheria* justice,
ou *cherá* juger.

(Note de l'auteur.)

« ulémas (1) de notre religion et quelques-
« uns de nos hauts fonctionnaires de notre
« intention d'établir des tribunaux composés
« d'hommes éminents pour connaître des
« crimes et des délits, ainsi que des différends
« que peut engendrer le commerce, cette
« source de prospérité des Etats. Nous avons
« établi, pour l'organisation de ces tribunaux,
« des principes qui ne dérogent en rien aux
« principes sacrés de notre loi.

« Les sentences émanées du tribunal du
« Cheraâ continueront à avoir leur plein effet.
« Puisse Dieu perpétuer jusqu'au jour du
« dernier jugement le respect que ce tribunal
« inspire.

« Le code administratif et judiciaire de-
« mande le temps nécessaire pour être rédigé
« et adapté aux exigences de notre pays. Nous
« espérons que Dieu, qui lit dans notre cœur,
« nous fera la grâce d'établir ces réformes
« dans l'intérêt de notre Gouvernement, et
« qu'elles ne s'écarteront point des principes

(1 Docteurs en théologie et prêtres.

(*Note de l'auteur.*)

« que nous ont légués les gloires de l'Isla-
« misme. Et nous, humble et pauvre serviteur
« du Très-Haut, nous nous hâterons de nous
« conformer à ses volontés en rassurant les
« hommes. Rien dans ce Code, tous pourront
« s'en convaincre, ne sera contraire à ses
« saintes prescriptions.

« En voici les bases :

I.

« Une complète sécurité est garantie for-
« mellement à tous nos sujets, à tous les ha-
« bitants de nos Etats, quelles que soient
« leur religion, leur nationalité et leur race.
« Cette sécurité s'étendra à leur personne res-
« pectée, à leurs biens sacrés et à leur répu-
« tation honorée.

« Cette sécurité ne subira d'exception que
« dans les cas légaux dont la connaissance
« sera dévolue aux tribunaux ; la cause nous
« sera ensuite soumise, et il nous appartien-
« dra soit d'ordonner l'exécution de la sen-
« tence, soit de commuer la peine, soit de
« prescrire une nouvelle instruction.

II.

« Tous nos sujets sont assujettis à l'impôt
« existant aujourd'hui ou qui pourra être
« établi plus tard, proportionnellement et
« quelle que soit la position de fortune des
« individus, de telle sorte que les grands ne
« seront pas exempts du canoun (1) à cause
« de leur position élevée, et que les petits n'en
« seront point exempts non plus à cause
« de leur faiblesse. Le développement de cet
« article aura lieu d'une manière claire et
« précise.

III.

« Les Musulmans et les autres habitants du
« pays seront égaux devant la Loi, car ce
« droit appartient naturellement à l'homme,
« quelle que soit sa condition.

« La justice sur la terre est une balance
« qui sert à garantir le bon droit contre l'in-
« justice, le faible contre le fort.

(1) En français ce mot signifie *règle, devoir, obligation*.

(*Note de l'auteur.*)

IV.

« Nos sujets israélites ne subiront aucune
« contrainte pour changer de religion et ne
« seront point empêchés dans l'exercice de
« leur culte ; leurs synagogues seront respec-
« tées et à l'abri de toute insulte, attendu que
« l'état de protection dans lequel ils se trou-
« vent doit leur assurer nos avantages comme
« il doit aussi nous imposer leur charge.

V.

« Attendu que l'armée est une garantie de
« la sécurité de tous, et que l'avantage qui
« en résulte tourne au bénéfice du public en
« général ; considérant, d'autre part, que
« l'homme a besoin de consacrer une partie
« de son temps à son existence et aux besoins
« de sa famille, nous déclarons que nous
« n'enrôlerons les soldats que suivant un
« règlement et d'après le mode de conscrip-
« tion au sort. Le soldat ne restera point au
« service au-delà d'un temps limité, ainsi que
« cela sera déterminé dans un code mili-
« taire.

VI.

« Lorsque le tribunal criminel aura à se
« prononcer sur la pénalité encourue par un
« sujet israélite, il sera adjoint audit tribunal
« des assesseurs également israélites. La loi
« religieuse les rend, d'ailleurs, l'objet de re-
« commandations bienveillantes.

VII.

« Nous établirons un tribunal de commerce
« composé d'un président, d'un greffier et de
« plusieurs membres choisis parmi les Musul-
« mans et les sujets des puissances amies. Ce
« tribunal, qui aura à juger les causes com-
« merciales, entrera en fonctions après que
« nous nous serons entendu avec les grandes
« puissances étrangères, nos amies, sur le
« mode à suivre pour que leurs sujets soient
« justiciables de ce tribunal. Les règlements
« de cette institution seront développés d'une
« manière précise afin de prévenir tout conflit
« ou malentendu.

VIII.

« Tous nos sujets, musulmans ou autres,
« seront soumis également aux règlements et
« aux usages en vigueur dans le pays ; aucun
« d'eux ne jouira à cet égard de privilége sur
« un autre.

IX.

« Liberté de commerce pour tous et sans
« aucun privilége pour personne. Le Gouver-
« nement s'interdit toute espèce de commerce
« et n'empêchera personne de s'y livrer.

« Le commerce en général sera l'objet
« d'une sollicitude protectrice, et tout ce qui
« pourra lui causer des entraves sera écarté.

X.

« Les étrangers qui voudront s'établir dans
« nos Etats pourront exercer toutes les indus-
« tries et tous les métiers, à la condition
« qu'ils se soumettront aux règlements éta-
« blis et à ceux qui pourront être établis plus
« tard, à l'égal des habitants du pays. Per-

« sonne ne jouira à cet égard de privilége sur
« un autre.

« Cette liberté leur sera acquise après que
« nous nous serons entendu avec leurs Gou-
« vernements sur le mode d'application qui
« sera expliqué et développé.

XI.

« Les étrangers appartenant aux divers
« Gouvernements, qui voudront s'établir dans
« nos Etats, pourront acheter toutes sortes de
« propriétés, telles que maisons, jardins,
« terres, à l'égal des habitants du pays, à la
« condition qu'ils seront soumis aux règle-
« ments existants ou qui pourront être éta-
« blis, sans qu'ils puissent s'y soustraire.

« Il n'y aura pas la moindre différence à
« leur égard dans les réglements du pays.
« Nous ferons connaître ensuite le mode d'ha-
« bitation, de telle sorte que le propriétaire
« en aura une connaissance parfaite, et sera
« tenu de l'observer.

« Nous jurons par Dieu et par le pacte
« sacré que nous mettrons à exécution les

« grands principes que nous venons de poser,
« suivant le mode indiqué, et que nous les
« ferons suivre des explications nécessaires.

« Nous nous engageons non-seulement en
« notre nom, mais au nom de nos successeurs;
« aucun d'eux ne pourra régner qu'après
« avoir juré l'observation de ces institutions
« libérales, résultant de nos soins et de nos
« efforts; nous en prenons à témoin, devant
« Dieu, cette illustre assemblée composée des
« représentants des grandes puissances amies
« et des hauts fonctionnaires de notre Gou-
« vernement.

« Dieu sait que le but que j'ai fait connaî-
« tre et que je viens d'expliquer à ceux qui
« m'entourent a été mis par lui au fond de
« mon cœur. Dieu sait que mon désir le plus
« ardent est de mettre immédiatement à exé-
« cution les principes et les conséquences de
« ces nouvelles institutions. On ne peut de-
« mander à l'homme que ce qui lui est pos-
« sible.

« Celui qui a juré par Dieu doit accomplir
« son serment.

« La justice est le bien le plus solide.

« La vie à venir est la seule qui dure.

« Nous recevons le serment des grands per-
« sonnages et des hauts fonctionnaires de no-
« tre Gouvernement, par lequel ils s'engagent
« à joindre leurs intentions et leurs actions
« aux nôtres dans l'exécution des réformes
« que nous venons de décréter. Nous leur
« disons : Gardez-vous de transgresser le
« serment que vous venez de faire devant
« Dieu, car Dieu connaît vos intentions et vos
« actes les plus secrets.

« O Dieu ! soutiens ceux qui nous ont aidés
« à contribuer au bonheur de tes créatures,
« abreuve-les du nectar de ta grâce !

« O Dieu ! accorde-nous ton aide, ton assis-
« tance et ta miséricorde ; fais que cette œu-
« vre produise ses fruits ! Nous te demandons
« ton appui pour cette tâche et te rendons
« grâce pour la mission que tu nous a con-
« fiée.

« Heureux celui que tu as choisi pour le con-
« duire sur le sentier de la vérité ! Le bien
« est dans ce que tu décrètes.

« Après avoir pris les différents avis, Nous,
« pauvre serviteur de Dieu, avons promulgué

« cet acte dans lequel nous avons vu l'utilité
« pour la prospérité du pays, avec la bénédic-
« tion du Koran et les mystères de la Fâ-
« thà (1).

   « Salut de la part du serviteur de son Dieu,
« le Mouchir Mohammed, Bacha-Bey, posses-
« seur du Royaume de Tunis.

   « Le 20 Moharrem 1274.

(Signature.)

---

(1) *La Fâthà* ou *Fellagh* est la première sourate du Koran. En
voici le sens, sinon le texte exact : « Louange à Dieu, le Puissant, le
« Miséricordieux, le Maître au jour du jugement dernier, le Roi de
« l'Univers ! Nous nous prosternons devant Toi, et nous t'adorons.
« Dirige-nous dans le sentier droit, dans celui où tu conduis tes pro-
« tégés. Préserve-nous du démon et des méchants.—Amen. »

Cette sourate est lue en chaire par le Cheik-el-Islam toutes les fois
que le Chef de l'Etat fait une déclaration de guerre. Elle est prononcée aussi sur la tête du nouveau souverain arrivant au pouvoir.

(Note de l'auteur)

EXPLICATION

DES PRINCIPES DU PACTE FONDAMENTAL.

CHAPITRE Ier.

DE LA LIBERTÉ DES CULTES.

« Il est du devoir de tout législateur qui
« prescrit le bien et défend le mal de se sou-
« mettre lui-même à ce qu'il a ordonné et
« d'éviter ce qu'il a défendu, afin que ses
« prescriptions soient observées et qu'il ne
« soit jamais permis de lui désobéir, et cela
« conformément à l'axiome de morale admis
« par la religion et la philosophie. « Désirer
« aux autres ce qu'on désire à soi-même, et
« ne pas faire aux autres ce qu'on ne veut
« pas qu'il soit fait à soi-même. »

« Ainsi, nous nous engageons devant Dieu
« envers tous nos sujets, de quelque religion
« qu'ils soient, à leur faciliter par tous les
« moyens en notre pouvoir le sûr et libre
« exercice de leur culte.

« Quant aux Musulmans, aucun d'eux ne
« pourra être forcé de changer le rite auquel
« il appartient d'après sa conviction, et selon
« lequel il exerce le culte extérieur.

« La permission de remplir la prescription
« religieuse du pèlerinage de La Mecque ne
« pourra être refusée aux musulmans qui
« auront les moyens de faire ce voyage
« pieux.

« Les Musulmans continueront à être sou-
« mis à la loi religieuse pour ce qui regarde
« les actes du culte et de piété, les legs pieux,
« les fideicommis, les donations, les offrandes
« du culte, le mariage et les actes y relatifs,
« la puissance paternelle, les successions, les
« testaments, la tutelle des orphelins, etc.

« Pour ce qui regarde leur sûreté et liberté
« religieuse, nos sujets non musulmans ne se-
« ront jamais ni contraints à changer de reli-
« gion, ni empêchés de le faire ; mais leur
« changement de croyance ne pourra ni leur
« faire acquérir une nouvelle nationalité, ni
« les soustraire à notre juridiction. Aucun
« d'eux ne pourra être forcé à des réformes
« dans les principes de sa religion.

« Pour les mariages et les actes y relatifs,
« la puissance paternelle, la tutelle des or-
« phelins, les testaments, les successions, etc.,
« ils continueront à être soumis aux décisions
« de leurs juges religieux qui seront nommés
« par nous sur la proposition de leurs nota-
« bles. Leurs réunions religieuses ne seront
« jamais troublées.

« Ainsi, il y aura égalité parfaite devant la
« Loi, sans distinction de religion.

CHAPITRE II.

DE LA LIBERTÉ ET SÛRETÉ INDIVIDUELLES.

« Tout ce qui tend à la destruction de
« l'homme, qui est la plus belle œuvre de la
« création, constitue le plus grand des cri-
« mes, et Dieu lui-même a fixé des règles et
« des peines pour assurer la conservation de
« la personne, des biens et de l'honneur de
« ses créatures.

« Nous promettons formellement à chacun
« de nos sujets la jouissance de toute sûreté
« personnelle, morale et matérielle, à moins

« qu'il n'ait commis un fait soumis à l'appré-
« ciation des tribunaux. Ce fait ne pourra
« être constaté que par une décision rendue
« à la majorité des voix, après avoir examiné
« les preuves et entendu la défense. Il ne
« sera apporté par nous aucune modification
« aux décisions ainsi rendues que pour atté-
« nuer les peines qu'elles auront pronon-
« cées.

« Il sera notifié dans les quarante-huit
« heures à tout individu arrêté par la police
« la cause pour laquelle il aura été détenu.

« Une des mesures contraires à la liberté
« individuelle, c'est la retenue indéfinie du
« soldat sous les drapeaux et l'enrôlement
« arbitraire. Aussi, à l'avenir, la conscription
« aura lieu dans chaque partie de notre
« royaume par le tirage au sort et de manière
« qu'elle ne puisse être nuisible au bien-être
« des habitants, ainsi que nous l'indiquerons
« dans le code militaire, et ainsi que cela est
« pratiqué par les autres souverains de l'Is-
« lamisme et des nations chrétiennes.

CHAPITRE III.

DE LA GARANTIE DES BIENS.

« La richesse intéresse l'homme presque
« autant que sa personne même. Quand il
« n'est pas rassuré sur la possession de ses
« biens, il perd la confiance et voit se fermer
« pour lui les voies de la prospérité, et il en
« résulte, comme chacun le sait, un manque
« de bien-être général.

« Afin d'éviter cela, nous promettons for-
« mellement à tout propriétaire de nos sujets
« sans distinction de religion, une sûreté
« complète pour ses biens meubles ou im-
« meubles, de quelque nature qu'ils soient et
« quelle qu'en soit l'importance. Ces dits
« biens ne lui seront jamais ni pris de vive
« force, ni dispersés, et il ne sera rien fait qui
« puisse en diminuer la valeur. Aucun pro-
« priétaire ne sera forcé, même contre l'offre
« d'un prix double, à vendre ou à louer ses
« propriétés. Cela ne pourra avoir lieu que de
« son plein gré et consentement, à moins

« qu'il ne s'agisse d'une dette reconnue et
« prouvée contre lui et qu'il se serait refusé
« à solder, ou en cas d'utilité publique.

« Les biens ne paieront que les dîmes et les
« impositions établies par le Gouvernement
« sur les ventes, ou qui pourront être éta-
« blies à l'avenir par notre Conseil ; de cette
« manière, chacun connaîtra d'avance ce
« qu'il aura à payer sur ses biens, avec
« certitude de n'avoir rien à payer en plus.

« Personne n'aura à subir comme peine la
« perte totale ou partielle de ses biens que
« dans les cas prévus par le Code pénal et
« civil.

« Tous nos sujets, quelle que soit leur reli-
« gion, pourront posséder des biens immeu-
« bles, et ils en auront la disposition pleine
« et entière, à condition pourtant qu'ils ne
« pourront rien y faire qui puisse occasionner
« un dommage général ou partiel à leurs
« voisins ou autres, dans lequel cas ils seront
« obligés à la destruction de la cause et à la
« réparation du dommage causé.

« Les biens de celui qui aura commis un
« crime emportant la peine de mort, d'après

« les dispositions du Chapitre II *De la liberté
« et sûreté individuelles*, passeront à ses hé-
« ritiers.

« Il est reconnu que l'industrie et les tra-
« vaux manuels constituent une partie de la
« richesse, puisqu'ils sont un moyen de sa
« production et sont, pour celui qui les
« exerce, ce que le capital est pour le négo-
« ciant. Ainsi, par application de la garantie
« des biens, objet de ce chapitre, le Gouverne-
« ment ne forcera jamais aucun ouvrier, ni
« aucun artiste à travailler pour lui contre
« son gré. Dans le cas où les ouvriers et les
« artistes voudront travailler pour le Gouver-
« nement, il leur paiera le même salaire que
« les particuliers; seulement, les ouvriers
« seront obligés de donner la préférence au
« Gouvernement lorsqu'il s'agira de services
« pour la défense du pays.

« Nul ne sera forcé à acheter un article
« quelconque provenant des revenus en na-
« ture du Gouvernement, ni à vendre les pro-
« duits de son industrie à un prix fixe; mais
« le Gouvernement pourra les lui acheter au
« prix payé par les particuliers, sur lesquels

« il aura préférence quand il en sera acqué-
« reur pour le bien général.

« Tout propriétaire ou capitaliste pourra
« employer ses fonds à telle spéculation qu'il
« jugera convenable, à l'exception de celles
« prohibées par le Gouvernement, ou qui le
« seront à l'avenir; mais il ne pourra jamais
« se refuser au paiement des droits établis
« sur les industries, ni en exercer aucune de
« laquelle il pourrait résulter un dommage
« général ou particulier.

CHAPITRE IV.

DE LA SURETÉ ET DE LA GARANTIE DE L'HONNEUR

« L'honneur est tellement cher à l'homme,
« qu'en le défendant avec toute la puissance
« de ses facultés personnelles, il peut, dans
« certains cas, pousser cette défense jusqu'à
« tuer celui qui y porte atteinte.

« Nous renouvelons à nos sujets, à quelque
« religion qu'ils appartiennent, l'assurance
« que leur honneur sera respecté et qu'au-
« cune peine infamante ne sera prononcée

« contre aucun d'eux pour le seul fait d'une
« accusation, quelque haute que soit la posi-
« tion de l'accusateur, car tout le monde est
« égal devant la Loi.

« Par suite de cette même protection, il ne
« sera prononcé aucun jugement contre qui
« que ce soit sur une délation faite en son ab-
« sence, et aucun fonctionnaire ne pourra
« être destitué qu'à la suite d'une faute évi-
« dente constatée par des preuves qu'il n'aura
« pu détruire. L'affaire, dans ce cas, sera
« portée, ainsi que les pièces à l'appui, de-
« vant le tribunal qui prononcera à la majo-
« rité ainsi qu'il sera dit.

« Pour que la justice soit égale pour tous,
« il faut qu'elle soit basée sur des lois for-
« melles, observées et respectées, qui puis-
« sent être consultées au besoin, car le bien-
« être dépend de la régularité des choses. »

LOI ORGANIQUE

ou

CODE POLITIQUE ET ADMINISTRATIF DU ROYAUME TUNISIEN.

———

CHAPITRE Ier.

DES PRINCES DE LA FAMILLE HUSSEINITE.

« *Article 1er*. — La succession au pouvoir
« est héréditaire entre les princes de la fa-
« mille Husseinite par ordre d'âge, suivant
« les règles en usage dans le royaume. Dans
« le cas seulement où l'héritier présomptif se
« trouvera empêché, le prince qui vient im-
« médiatement après lui, lui succèdera dans
« tous ses droits.

« *Article 2*. — Il y aura deux registres si-
« gnés par le premier ministre et par le pré-
« sident du Conseil suprême pour y inscrire
« l'état-civil de la famille régnante. Ces re-
« gistres seront déposés, l'un dans les archi-

« ves du premier ministre, et l'autre dans
« celles du Conseil suprême.

« *Article 3.*—Le chef de l'Etat est en même
« temps le chef de la famille régnante. Il a
« pleine autorité sur tous les princes et prin-
« cesses qui la composent, de manière qu'au-
« cun d'eux ne peut disposer ni de sa per-
« sonne ni de ses biens sans son consen-
« tement. Il a sur eux l'autorité de père et
« leur en doit les avantages.

« *Article 4.*—Le chef de l'Etat, en sa qua-
« lité de chef de la famille régnante, réglera
« les devoirs et les obligations de ses mem-
« bres de la manière qu'il jugera convenable,
« à leur position élevée, à leur personne et à
« leur famille. Les membres, de leur côté,
« lui doivent obéissance de fils à père.

« *Article 5.*—Les princes et princesses de
« la famille régnante ne pourront contracter
« mariage sans le consentement du chef.

« *Article 6.* — Si, par suite d'une contra-
« vention aux présentes dispositions ou pour
« toute autre cause, un différend s'élève entre
« les membres de la famille régnante pour
« des raisons personnelles, ce différend sera

« jugé par une Commission que le chef de la
« famille instituera *ad hoc*, sous sa présidence
« ou celle d'un des principaux membres de la
« famille régnante qu'il désignera à cet effet.
« Cette commission sera composée d'un mem-
« bre de la famille régnante, des ministres et
« des membres du Conseil privé. Elle sera
« chargée de faire un rapport sur l'affaire, et,
« si elle établit l'existence de la contraven-
« tion, elle écrira sur le rapport : « *Il est*
« *constant que le prince ... est en faute*, » et
« le présentera au chef de l'Etat auquel, seul,
« appartient le droit de punir les membres
« de sa famille en leur appliquant la peine
« qu'il jugera convenable.

« *Article 7*. — Tout délit commis par un
« membre de la famille régnante contre un
« particulier sera jugé par une commission
« que le chef de l'Etat nommera *ad hoc*, sous
« sa présidence ou celle du principal membre
« de la famille après lui, qu'il désignera à
« cet effet. Cette commission sera composée
« des ministres en activité de service et des
« membres du Conseil privé ; elle sera char-
« gée d'écrire un rapport sur la plainte et sur

« les pièces produites à l'appui, dans lequel
« elle émettra son avis et le présentera au
« chef de l'Etat qui, seul, prononcera sur la
« peine à infliger si la culpabilité du prince
« est établie.

« *Article 8*. — Les crimes qui pourraient
« être commis par les membres de la famille
« régnante soit contre la sûreté de l'Etat, soit
« contre des particuliers ne seront point jugés
« par les tribunaux ordinaires. Une commis-
« sion composée des ministres en activité de
« service, des membres du Conseil privé et du
« Président du Conseil suprême, sous la pré-
« sidence du chef de l'Etat lui-même ou du
« principal membre de la famille régnante
« après lui, qu'il désignera à cet effet, sera
« chargée d'instruire l'affaire et de prononcer
« la peine qu'aura méritée le coupable d'après
« le Code pénal. Cette commission présentera
« la sentence, signée par le Président et par
« tous les membres, au chef de l'Etat qui en
« ordonnera l'exécution ou accordera une
« commutation de la peine.

CHAPITRE II.

DES DROITS ET DES DEVOIRS DU CHEF DE L'ÉTAT.

« *Article 9.* — Tout prince, à son avène-
« ment au trône, doit prêter serment en invo-
« quant le nom de Dieu de ne rien faire qui
« soit contraire aux principes du *Pacte fon-*
« *damental* et aux lois qui en découlent, et de
« défendre l'intégrité du territoire tunisien.
« Ce serment doit être fait solennellement et
« à haute voix en présence des membres du
« Conseil suprême et des membres du Medjlès
« du Cheraâ (1). C'est seulement après avoir
« rempli cette formalité que le prince recevra
« l'hommage de ses sujets et que ses ordres
« seront exécutables.

« Le chef de l'Etat qui violera volontaire-
« ment les lois politiques du royaume sera
« déchu de ses droits.

« *Article 10.*—Le chef de l'Etat devra faire

(1) Conseil supérieur du Droit.

(*Note de l'auteur.*)

« prêter serment à tous les fonctionnaires,
« civils et militaires. Le serment est conçu en
« ces termes : « JE JURE PAR LE NOM DE DIEU
« QUE J'OBÉIRAI AUX LOIS QUI DÉCOULENT DU
« *Pacte fondamental*, ET QUE JE REMPLIRAI
« FIDÈLEMENT TOUS MES DEVOIRS ENVERS LE
« CHEF DE L'ETAT. »

« *Article 11.*—Le chef de l'Etat est respon-
« sable de tous ses actes devant le Conseil
« suprême s'il contrevient aux Lois.

« *Article 12.*—Le chef de l'Etat dirigera les
« affaires politiques du royaume avec le con-
« cours des ministres et du Conseil suprême.

« *Article 13.*—Le chef de l'Etat commande
« les forces de terre et de mer, déclare la
« guerre, signe la paix, fait les traités d'al-
« liance et de commerce.

« *Article 14.*—Le chef de l'Etat choisit et
« nomme ses sujets dans les hautes fonctions
« du royaume et a le droit de les démettre de
« leurs fonctions lorsqu'il le jugera convena-
« ble. En cas de délits ou de crimes, les
« fonctionnaires ne pourront être destitués que
« de la manière prescrite à l'article 63 du
« présent Code.

« *Article 15.*—Le chef de l'Etat a le droit
« de faire grâce si cela ne lèse point les
« droits d'un tiers.

« *Article 16.* — Le chef de l'Etat désignera
« le rang que doit occuper chaque employé
« dans la hiérarchie, et fera les réglements
« et décrets nécessaires pour l'exécution des
« lois.

« *Article 17.* — Sur les fonds réservés au
« ministère des finances pour les gratifica-
« tions, le chef de l'Etat allouera la somme
« qu'il jugera convenable à tout employé du
« gouvernement, civil ou militaire, qui se
« sera distingué dans son service et lui aura
« été signalé par le ministre comme ayant
« acquis des droits à cette gratification. Quant
« aux services éminents qui auront eu pour
« effet de prévenir un danger qui menaçait la
« patrie ou de lui procurer un grand avan-
« tage, le chef de l'Etat en déférera la con-
« naissance à son Conseil suprême afin de sa-
« voir si l'auteur de ce service mérite ou non
« une pension viagère, et adoptera l'avis
« donné par ledit conseil à ce sujet.

« *Article 18.* — Le chef de l'Etat pourra

« adopter, avec le concours du ministre com-
« pétent, les mesures qu'il jugera opportunes
« dans les affaires non comprises dans l'arti-
« cle 63 du présent code.

CHAPITRE III.

DE L'ORGANISATION DES MINISTÈRES, DU CONSEIL SUPRÊME ET DES TRIBUNAUX.

« *Article 19.*—Les ministres sont, après le
« chef de l'Etat, les premiers dignitaires du
« royaume.

« *Article 20.*—Les ministres administrent
« les affaires de leur département d'après les
« ordres du chef de l'Etat, et sont respon-
« sables devant lui et devant le Conseil su-
« prême.

« *Article 21.*—Il y aura un conseil suprême
« chargé de sauvegarder les droits du chef de
« l'Etat, des sujets et de l'Etat.

« *Article 22.*—Il y aura un tribunal de po-
« lice correctionnelle pour juger les cóntra-
« ventions de simple police.

« *Article 23.*—Il y aura un tribunal civil et

« criminel pour connaître des affaires autres
« que celles qui dépendent des conseils mili-
« taires et des tribunaux de commerce.

« *Article 24.* — Il y aura un tribunal de
« révision pour connaître des recours faits
« contre les jugements rendus par le tribunal
« civil et criminel et celui de commerce.

« *Article 25.* — Il y aura un tribunal de
« commerce pour connaître des affaires com-
« merciales.

« *Article 26.* — Il y aura un conseil de
« guerre pour connaître des affaires militaires.

« *Article 27.*—Les jugements que rendront
« le tribunaux institués par la présente loi
« devront être motivés d'après les articles des
« Codes rédigés à leur usage.

« *Article 28.* — Les fonctions des magis-
« trats composant le tribunal civil et criminel
« et le tribunal de révision sont inamovibles.
« Ceux qui seront nommés à ces fonctions ne
« seront destitués que pour cause de crime
« établi devant un tribunal. Au premier
« temps de leur entrée en fonctions, il sera
« fait à leur égard ainsi qu'il est dit à l'arti-
« cle 5 du Code civil et criminel.

CHAPITRE IV.

DES REVENUS DU GOUVERNEMENT.

« *Article 29.*—Sur les revenus du gouver-
« nement, il sera prélevé une somme d'un
« million et deux cents mille piastres (1) par
« an pour le chef de l'État.

« *Article 30.* — Il sera prélevé également
« une somme annuelle de soixante-six mille
« piastres (2) pour chacun des princes ma-
« riés ; de six mille piastres (3) pour chacun
« des princes non mariés et encore sous l'au-
« torité paternelle ; de douze mille piastres (4)
« pour chacun des princes non mariés et dont
« le père est mort, jusqu'à l'époque de son ma-
« riage ; de vingt mille piastres (5) pour les
« princesses mariées ou veuves ; de trois
« mille piastres (6) pour les princesse non
« mariées et dont le père est vivant ; de huit

(1) La piastre de Tunis valant environ 0,60 c. de notre monnaie, la dotation du Bey est de 720,000 fr.

(2) 39,600 fr. — (3) 3,600 fr. — (4) 7,200 fr. — (5) 12,000 fr, — (6) 1,800 fr.

(Notes de l'auteur.)

« mille piastres (1) pour les princesses non
« mariées, après la mort de leur père et jus-
« qu'à l'époque de leur mariage ; de douze
« mille piastres (2) pour chaque veuve de
« Chef de l'Etat ; de huit mille piastres (3)
« pour chaque veuve de prince décédé.

« Il sera, en outre, alloué une somme une
« fois payée de quinze mille piastres (4) à
« chaque prince, et de cinquante mille pias-
« tres (5) à chacune des princesses à l'épo-
« que de leur mariage pour leurs frais de
« noces.

« *Article 31.* — Les revenus de l'Etat,
« après prélèvement des sommes énoncées
« aux articles 29 et 30, seront appliqués sans
« exception à la solde des employés civils et
« militaires, aux besoins de l'Etat, à sa sûreté
« et à tout ce qui profite à l'Etat, et seront
« répartis, à cet effet, entre les Ministères
« ainsi qu'il est dit à l'article 63 du présent
« Code.

(1) 4,800 fr.—(2) 7,200 fr.—(3) 4,800 fr.—(4) 9,000 fr.—(5) 30,000 fr.
(Note de l'auteur.)

CHAPITRE V.

DE L'ORGANISATION DU SERVICE DES MINISTÈRES.

« *Article 32*. — Des lois sanctionnées par
« le Chef de l'Etat et par le Conseil suprême
« règleront la nature des fonctions de chaque
« Ministre, ses droits et ses devoirs, la na-
« ture de ses relations avec les divers agents
« du gouvernement tunisien ou des Gouver-
« nements étrangers, et l'organisation inté-
« rieure de chaque Ministère.

« *Article 33*. — Le service du Ministre est
« divisé en trois catégories : la première com-
« prend les détails du service de son dépar-
« tement, que le Ministre est autorisé à traiter
« sans une permission spéciale du chef de
« l'Etat ; la deuxième comprend les affaires
« mentionnées dans la Loi, sur lesquelles le
« Ministre doit donner son avis et dont l'exé-
« cution ne peut avoir lieu sans l'autorisation
« du chef de l'Etat ; la troisième comprend les
« affaires de haute importance indiquées à
« l'article 63 du présent code, qui doivent

« être soumises à l'appréciation du Conseil su-
« prême avec l'autorisation du chef de l'Etat.

« *Article 34.* — Les ministres sont respon-
« sables envers le gouvernement pour ce qui
« concerne les affaires qui se rattachent à
« l'article précédent, s'il y a contravention de
« leur part aux lois. Quant aux affaires com-
« prises dans les autres catégories, les Minis-
« tres ne sont responsables qu'en ce qui con-
« cerne leur exécution.

« Les Directeurs sont responsables vis-à-vis
« du Ministre de l'exécution des ordres qu'ils
« en reçoivent, du règlement du service des
« employés du ministère, de l'exactitude des
« rapports qu'ils soumettent au chef de leur
« département, et de l'exécution des ordres
« donnés par lui en conséquence ; ils sont
« responsables également de toutes les affaires
« qu'ils sont autorisés à traiter de leur chef
« sans une permission spéciale du Ministre,
« en vertu des pouvoirs qui leur sont con-
« férés d'après la loi réglementaire de leur
« service.

« *Article 35.* — Le Ministre établira un
« règlement intérieur dans son département

« pour faciliter le service, mettre de l'ordre
« dans les archives et les registres, comme il
« jugera convenable. L'employé qui contre-
« viendra à ce réglement manquera à ses
« devoirs.

« La connaissance de ce réglement est ré-
« servée aux employés du département qui
« sont tenus de l'observer.

« Ce réglement pourra être changé ou mo-
« difié, en tout ou en partie, toutes les fois
« que le Ministre le jugera nécessaire pour
« le bien du service.

« Le Directeur est responsable devant le
« chef de son département de l'exécution de
« ce réglement.

« *Article 36*. — Tous les fonctionnaires des
« divers départements seront nommés par le
« chef de l'Etat sur la proposition du Ministre
« compétent. Si le Ministre juge à propos de
« démettre de ses fonctions un employé quel-
« conque de son département, il en fera la
« proposition au chef de l'Etat qui sanction-
« nera sur sa demande.

« *Article 37*. — Tous les employés des mi-
« nistères, directeurs et autres, sont respon-

« sables vis-à-vis du Ministre pour tout ce qui
« concerne leur service.

« *Article 38*. — Le Ministre contresignera
« les écrits émanés du chef de l'Etat qui ont
« rapport à son département.

« *Article 39*. — Les affaires qui paraîtront
« au Ministre de quelque utilité pour le pays,
« si elles relèvent du départemeut dont il est
« chargé, seront portées par lui à la connais-
« sance du chef de l'Etat dans un rapport
« détaillé exposant les motifs et expliquant
« l'utilité. Le chef de l'Etat ordonnera le ren-
« voi de ce rapport au Conseil suprême.

« *Article 40*. — Les plaintes adressées au
« Ministre contre les fonctionnaires quel-
« conques qui dépendent de son département
« seront examinées par lui sans retard, de la
« manière qu'il jugera convenable pour arri-
« ver à la connaissance de la vérité. Dans ce
« cas, le Ministre, jugeant seulement la con-
« duite de ses subordonnés, ne sera pas obligé
« de suivre la procédure en usage devant les
« tribunaux ordinaires pour les interroga-
« toires. Lorsqu'il aura constaté la vérité du
« fait, il fera droit au plaignant, s'il y a lieu,

« dans un temps qui ne pourra excéder un
« mois. Si, après ce délai, il n'a pas été fait
« droit à la réclamation du plaignant, celui-ci
« pourra adresser sa plainte par écrit au
« Conseil suprême.

« *Article 41.* — Dans le cas où un recours
« est ouvert devant le chef de l'Etat au sujet
« d'une plainte adressée au département mi-
« nistériel, le Ministre ne pourra prononcer
« sa décision avant de connaître celle du chef
« de l'Etat.

« *Article 42.* — Les plaintes des gouver-
« neurs contre leurs administrés et récipro-
« quement, lorsqu'il s'agit d'affaires de ser-
« vice, seront portées, ainsi que les pièces à
« l'appui, devant le Ministre compétent pour
« y être examinées et ensuite portées à la con-
« naissance du chef de l'Etat dans son conseil.

« *Article 43.* — Tous les rapports officiels
« entre le chef de l'Etat et les différents mi-
« nistères, les conseils et les tribunaux, ainsi
« que les ordres émanés du chef de l'Etat à
« ces différents corps, auront lieu par écrit ;
« car, en règle générale, il n'y a de preuve
« que la pièce écrite.

CHAPITRE VI.

DE LA COMPOSITION DU CONSEIL SUPRÊME.

« *Article 44.*—Le nombre des membres du
« Conseil suprême ne pourra excéder soixante.
« Le tiers de ce nombre sera pris parmi les
« ministres et les fonctionnaires du gouver-
« nement de l'ordre civil et militaire. Les
« deux autres tiers seront pris parmi les no-
« tables du pays.

« Les membres de ce Conseil auront le titre
« de Conseillers d'Etat.

« Ce Conseil aura des secrétaires en nom-
« bre suffisant.

« *Article 45.*—Lors de l'installation de ce
« Conseil, le chef de l'Etat choisira ses mem-
« bres avec le concours de ses Ministres.

« *Article 46.* — Les Conseillers d'Etat, à
« l'exception des Ministres, seront nommés
« pour cinq ans. A l'expiration de ce temps,
« le Conseil sera renouvelé par cinquième tous
« les ans, et, à l'expiration des dix années, les

« plus anciens d'entre eux seront renouvelés
« par cinquième et ainsi de suite.

« *Article 47*. — Le Conseil suprême éta-
« blira, avec le concours du chef de l'État qui
« la signera, une liste de quarante notables
« parmi lesquels seront pris au sort les rem-
« plaçants des membres sortis.

« *Article 48*.—Lorsque les trois quarts des
« notables portés sur cette liste auront été
« nommés, le Conseil étant au complet pro-
« cèdera à la nomination d'autres membres
« jusqu'au complément de quarante pour
« remplacer les membres sortis, ainsi qu'il
« est dit à l'article précédent.

« *Article 49*. — Le chef de l'Etat, dans
« son conseil des ministres, désignera parmi
« les fonctionnaires du Gouvernement les
« membres qui devront remplacer ceux
« d'entre eux qui sont sortis.

« *Article 50*.—Les membres de ce Conseil
« seront inamovibles pour tout le temps spé-
« cifié à l'article 46, à moins d'un crime ou
« délit prouvé devant le Conseil.

« *Article 51*. — Le Conseil aura le droit de
« choisir les remplaçants parmi les membres

« sortis soit des notables de la ville, soit des
« fonctionnaires du Gouvernement démission-
« naires, à condition pourtant qu'ils ne pour-
« ront être renommés avant l'expiration de
« cinq ans, du jour de la sortie.

« *Article 52.* — Le Conseil suprême ne
« pourra délibérer que lorsque quarante de
« ses membres au moins seront présents.

« *Article 53.*—Le vote de ce Conseil aura
« lieu à la majorité des voix. En cas de par-
« tage, la voix du Président est préponé-
« rante.

« *Article 54.*—Il sera détaché de ce Con-
« seil un comité chargé du service ordinaire,
« tel que donner un avis au chef de l'Etat ou
« aux Ministres, lorsqu'ils le demanderont,
« sur les affaires qui ne nécessitent pas l'ap-
« probation du Conseil suprême; préparer les
« affaires qui doivent être soumises à la dé-
« libération du Conseil suprême, désigner les
« jours de séance du Conseil, etc.

« Les membres de ce comité se réuniront
« dans le palais du Conseil.

« *Article 55.* — Ce comité sera composé
« d'un président, d'un vice-président et de

« 55 membres, dont le tiers sera pris parmi
« les fonctionnaires du Gouvernement.

« *Article 56*. — Ce comité ne pourra émet-
« tre d'avis que lorsque sept membres au
« moins, y compris le président ou le vice-
« président, seront présents.

« *Article 57*. — Le président et le vice-
« président du Conseil suprême seront choisis
« parmi ses membres le plus capables, et
« nommés par le chef de l'Etat.

« *Article 58*.—Le chef de l'Etat nommera
« également deux des membres du Conseil
« suprême aux fonctions de président et de
« vice-président du comité chargé du service
« ordinaire.

« *Article 59*. — Les fonctions de membre
« du Conseil suprême sont gratuites, leurs
« services étant pour la patrie.

CHAPITRE VII.

DES ATTRIBUTIONS DU CONSEIL SUPRÊME.

« *Article 60.* — Le Conseil suprême est le
« gardien du *Pacte fondamental* et des lois, et
« le défenseur des droits des habitants. Il
« s'oppose à la promulgation des lois qui se-
« raient contraires ou qui porteraient atteinte
« aux principes de la loi, à l'égalité des habi-
« tants devant la loi et aux principes de l'ina-
« movibilité de la magistrature, excepté dans
« le cas de destitution pour un crime commis
« et établi devant le tribunal.

« Il connaîtra des recours contre les arrêts
« rendus par le tribunal de révision en ma-
« tière criminelle et examinera si la loi a été
« bien appliquée. Une fois qu'il aura pro-
« noncé, il n'y aura plus lieu à aucun recours.

« *Article 61.* — En cas de recours contre
« un arrêt rendu par le tribunal de révision
« en matière criminelle, le Conseil suprême
« choisira dans son sein une Commission
« composée de douze membres au moins

« pour examiner si la loi n'a pas été violée.

« Lorsque cette Commission aura constaté
« que la procédure a été observée et que la
« loi a été bien appliquée, elle confirmera
« l'arrêt attaqué, et la partie n'aura plus de
« moyens à faire valoir. Si, au contraire, la
« Commission reconnaît que l'arrêt n'a pas
« été rendu conformément à la loi ou à la
« procédure, elle renverra l'affaire devant le
« tribunal de révision en lui signalant les dé-
« fauts de l'arrêt.

« Si, après ce renvoi, le tribunal de révi-
« sion rend un arrêt conforme au premier, le
« Conseil suprême videra le conflit définitive-
« ment en prononçant, à la majorité des
« voix, avec le concours de tous ses membres
« non légalement empêchés.

« *Article 62.* — Le Conseil suprême peut
« faire des projets de loi de grand intérêt
« pour le pays ou pour le Gouvernement. Si
« la proposition est adoptée par le chef de
« l'Etat dans son conseil des Ministres, elle
« sera promulguée et fera partie des lois du
« royaume.

« *Article 63.*—Les affaires qui ne peuvent

« être décidées, qu'après avoir été proposées
« au Conseil suprême, discutées dans son
« sein, examinées si elles sont conformes aux
« lois, avantageuses pour le pays et les habi-
« tants, et approuvées par la majorité de ses
« membres, sont :

   « La promulgation d'une nouvelle loi,

   « L'augmentation ou la diminution dans les
« impôts,

   « L'abrogation d'une loi par une autre
« plus utile,

   « L'augmentation ou la diminution dans la
« solde,

   « Le règlement de toutes les dépenses,

   « L'augmentation des forces de terre et de
« mer et du matériel de guerre,

   « L'introduction d'une nouvelle industrie
« et de toute chose nouvelle,

   « La destitution d'un fonctionnaire de l'Etat
« qui aura mérité cette peine pour un crime
« commis et jugé,

   « La solution des différends qui pourraient
« avoir lieu entre les employés pour cause de
« service et des questions non prévues par le
« Code,

« L'explication du texte des Codes,

« L'application de leurs dispositions en
« cas de différend,

« Et l'envoi de troupes pour une expédition
« dans le royaume.

« *Article 64*. — Le Conseil suprême aura
« le droit de contrôle sur les comptes des dé-
« penses faites dans l'année écoulée, présen-
« tés par chaque ministère, afin de vérifier si
« elles ont été faites conformément aux lois.
« Il étudiera les demandes de fonds faites pour
« l'année suivante, les comparera aux reve-
« nus de l'Etat pendant cette même année, et
« fixera la somme allouée à chaque ministère
« pour que chaque département ne puisse
« dépenser plus que la somme qui lui sera
« allouée, ni la dépenser en dehors des ob-
« jets qui lui seront indiqués. Les détails de
« ces services devront être discutés au sein
« du Conseil suprême et approuvés par la
« majorité de ses membres.

« *Article 65*. — Des décrets spéciaux ren-
« dus par le chef de l'Etat, sur l'avis du Con-
« seil suprême, peuvent autoriser des vire-

« ments d'un chapitre à l'autre du budget
« pendant le cours de l'année.

« *Article 66*. — Les plaintes pour les con-
« traventions aux lois commises soit par le
« chef de l'Etat, soit par tout autre individu
« seront adressées au comité chargé du ser-
« vice ordinaire. Le dit comité devra convo-
« quer dans les trois jours le Conseil su-
« prême, en temps de vacance, et portera à
« sa connaissance la dite plainte. Si le Con-
« seil est en service, la plainte sera immédia-
« tement portée à sa connaissance pour y être
« discutée.

« *Article 67*. — Le palais du Gouvernement
« dans la capitale (Tunis) sera le lieu de réu-
« nion de ce Conseil.

« *Article 68*. — Ce Conseil devra se réunir
« le jeudi de chaque semaine, de neuf à onze
« heures du matin, et pourra se réunir égale-
« ment pendant les autres jours de la semaine
« selon les exigences du service.

« *Article 69*. — Le palais du Conseil su-
« prême est en même temps le dépôt de l'ori-
« ginal des lois. Ainsi, toute loi approuvée
« par le chef de l'Etat sera renvoyée à ce Con-

« seil pour être enregistrée et conservée dans
« les archives, après qu'il en aura été donné
« une copie au Ministre chargé de l'exécu-
« tion.

CHAPITRE VIII.

DE LA GARANTIE DES FONCTIONNAIRES.

« *Article 70.* — Les plaintes contre les mi-
« nistres, pour des faits relatifs à leurs fonc-
« tions ou pour une contravention aux lois,
« seront portées devant le Conseil suprême,
« avec les preuves à l'appui, pour y être exa-
« minées. Si les faits commis emportent la
« destitution, la suspension ou le payement
« d'une amende fixée par le Code, la peine
« sera prononcée par ce Conseil; si, au con-
« traire, le coupable mérite une peine plus
« grave, l'affaire sera renvoyée devant le tri-
« bunal criminel.

« *Article 71.* — Les plaintes contre les
« agents du Gouvernement autres que les
« Ministres, pour des faits relatifs à leurs
« fonctions, seront portées devant le Ministre

« duquel ils dépendent, et de là au Conseil
« suprême pour être jugées suivant les dispo-
« sitions du Code.

« Si les faits imputés à l'agent sont de ceux
« qui emportent une peine grave, telle que
« l'exil, la détention, les travaux forcés ou la
« peine capitale, l'affaire sera renvoyée de-
« vant le tribunal criminel.

« *Article 72.*—La connaissance des crimes
« ou délits contre les privés, commis par des
« Ministres, par des Membres du Conseil
« suprême ou par tout autre fonctionnaire du
« Gouvernement, est dévolue au tribunal cri-
« minel, à condition pourtant qu'il ne pourra
« poursuivre le coupable sans l'autorisation
« du Conseil suprême. Néanmoins, dans le
« cas de flagrant délit le tribunal pourra faire
« arrêter le coupable et demander au Conseil
« suprême l'autorisation de le poursuivre.

« *Article 73.*—Les plaintes adressées contre
« un Ministre ou tout autre agent du Gouver-
« nement, pour dettes ou autres affaires ci-
« viles, seront jugées par le Tribunal civil,
« sans l'autorisation du Conseil suprême.

CHAPITRE IX.

DU BUDGET.

« *Article 74.*—Le ministère des Finances
« soumettra, chaque année, au premier Mi-
« nistre un compte détaillé des revenus et
« des dépenses de l'Etat pendant l'année
« écoulée, avec un aperçu des revenus et des
« dépenses de l'Etat dans l'année suivante.

« *Article 75.* — A la fin de chaque année,
« chacun des Ministres présentera au premier
« Ministre un compte détaillé des dépenses
« qu'il aura faites sur les fonds précédem-
« ment alloués à son département pour ladite
« année, et il demandera les fonds dont il
« aura besoin pour l'année suivante.

« *Article 76.* —Le premier Ministre pré-
« sentera au Conseil suprême les comptes et
« les pièces à l'appui qui lui auront été pré-
« sentés par les autres ministères, en les
« accompagnant des explications nécessaires
« ainsi qu'il est dit à l'article 64.

CHAPITRE X.

DU CLASSEMENT DES FONCTIONS.

« *Article 77.*—Les fonctions civiles se di-
« visent en six classes assimilées aux grades
« militaires. La première classe correspond
« au grade de général de division et la sixiè-
« me à celui de chef de bataillon.

« Une loi spéciale désignera la classe à
« laquelle appartient chacune de ces fonc-
« tions.

CHAPITRE XI.

DES DROITS ET DES DEVOIRS DES FONCTIONNAIRES.

« *Article 78.* — Tout sujet tunisien qui
« n'aura pas été comdanné à une peine infa-
« mante pourra arriver à tous les emplois du
« pays, s'il en est capable, et participer à
« tous les avantages offerts par le Gouverne-
« ment à ses sujets.

« *Article 79.*—Tout étranger qui acceptera
« du service dans le Gouvernement tunisien

« sera soumis à sa juridiction pendant toute
« la durée de ses fonctions. Il sera directe-
« ment responsable devant le Gouvernement
« tunisien de tous les actes qui concernent
« ses fonctions, même après sa démission.

« *Article 80.*—Tout fonctionnaire civil ou
« militaire qui aura servi l'Etat pendant
« trente ans aura droit à demander sa retraite
« qui lui sera accordée d'après une loi spé-
« ciale qu'on élaborera à ce sujet.

« *Article 81.*—Nul fonctionnaire, quel que
« soit son rang, ne pourra être destitué que
« pour un acte ou des discours contraires à
« la fidélité exigée dans la position qu'il oc-
« cupe. Son délit devra être constaté devant
« le Conseil suprême. S'il est prouvé, au con-
« traire, devant ledit Conseil que l'employé a
« été accusé à tort, il continuera à occuper sa
« position, et l'accusateur sera condamné à la
« peine portée à l'article 270 du Code pénal.

« *Article 82.*—Les peines afflictives et in-
« famantes prononcées par le tribunal civil et
« criminel emportent avec elles celle de la
« destitution.

« *Article 83.* — Tout employé qui voudra

« donner sa démission devra le faire par
« écrit. Dans aucun cas cette démission ne
« pourra lui être refusée.

« *Article 84.* — Tout employé du Gouver-
« nement qui aura été condamné par le tri-
« bunal à changer de résidence, à la prison
« pour dettes, ou à payer une amende pour
« un délit qu'il aura commis, ne sera pas
« pour cela rayé des cadres des employés.

« *Article 85.*—Tous les employés du Gou-
« vernement, tant militaires que civils, sont
« responsables de tout ce qui peut arriver
« dans les services dont ils sont chargés, tel
« que trahison, concussion, contravention aux
« lois, ou désobéissance à un ordre écrit de
« leur chef.

CHAPITRE XII.

DES DROITS ET DES DEVOIRS DES SUJETS DU ROYAUME TUNISIEN.

« *Article 86.*—Tous les sujets du royaume
« tunisien, à quelque religion qu'ils appar-
« tiennent, ont droit à une sécurité complète

« quant à leurs personnes, leurs biens et leur
« honneur, ainsi qu'il est dit à l'article 1er du
« *Pacte fondamental.*

« *Article 87.* — Tous nos sujets, sans ex-
« ception, on droit de veiller au maintien du
« *Pacte fondamental* et à la mise à exécution
« des lois, codes et règlements promulgués
« par le Chef de l'Etat conformément au
« *Pacte fondamental.* A cet effet, ils peuvent
« tous prendre connaissance des lois, codes
« et règlements sus-mentionnés, et dénoncer
« au Conseil suprême, par voie de pétition,
« toutes les infractions dont ils auraien con-
« naissance, quand bien même ces infrac-
« tions ne lèseraient que les intérêts d'un
« tiers.

« *Article 88.* —Tous les sujets du royaume,
« à quelque religion qu'ils appartiennent,
« sont égaux devant la Loi dont les disposi-
« tions sont applicables à tous indistincte-
« ment, sans avoir égard ni à leur rang ni à
« leur position.

« *Article 89.* —Tous les sujets du royaume
« auront la libre disposition de leurs person-
« nes et de leurs biens. Aucun d'eux ne

« pourra être forcé à faire quelque chose
« contre son gré, si ce n'est le service mili-
« taire dont les prestations sont réglées par
« la loi. Nul ne pourra être exproprié que
« pour cause d'utilité publique, moyennant
« une indemnité.

« *Article 90.* — Les crimes, délits et con-
« traventions que pourront commettre nos
« sujets, à quelque religion qu'ils appartien-
« nent, ne pourront être jugés que par le-
« tribunaux constitués, ainsi qu'il est prescrit
« dans le présent Code, et la sentence ne
« sera prononcée que d'après les dispositions
« du Code.

« *Article 91.* — Tout Tunisien né dans le
« royaume, lorsqu'il aura atteint l'âge de dix-
« huit ans, doit servir son pays pendant le
« temps fixé par le service militaire en con-
« formité du Code militaire. Celui qui s'y
« soustraira sera condamné à la peine énon-
« cée dans le dit Code.

« *Article 92.* — Tout Tunisien qui se sera
« expatrié, pour quelque motif que ce soit,
« quelle qu'ait été, du reste, la durée de son
« absence, qu'il se soit fait naturaliser à

« l'étranger ou non, redeviendra sujet tuni-
« sien dès qu'il rentrera dans le royaume de
« Tunis.

« *Article 93*. — Tout Tunisien possédant
« des immeubles en Tunisie, qui se sera ex-
« patrié même sans autorisation du Gouver-
« nement, aura le droit de louer ou vendre
« ses propriétés et de toucher le montant de
« la vente ou des loyers, à condition pourtant
« que la vente aura lieu dans le royaume et
« en conformité de ses lois. S'il est poursuivi
« pour dettes, il sera déduit du montant de la
« vente ou des loyers les sommes qu'il aura
« été condamné à payer judiciairement.

« *Article 94*. — Les Tunisiens non musul-
« mans qui changeront de religion continue-
« ront à être sujets tunisiens et soumis à la
« juridiction du pays.

« *Article 95*. — Tout sujet tunisien, sans
« distinction de religion, qui est propriétaire
« de biens immeubles dans le royaume, sera
« tenu de payer les droits déjà établis ou
« ceux qui le seront à l'avenir suivant les lois
« et règlements régissant la matière.

« *Article 96*. — Tous ceux de nos sujets

« qui possèdent un immeuble quelconque
« soit comme colon partiaire, soit par loca-
« tion perpétuelle, soit par droit de jouis-
« sance, ne pourront céder leurs droits de
« propriété par vente, donation ou de toute
« autre manière qu'à ceux qui ont le droit de
« posséder dans le royaume. La cession à
« d'autres ne sera pas valable.

« *Article 97.*—Tous nos sujets, a quelque
« religion qu'ils appartiennent, ont le droit
« d'exercer telle industrie qu'ils voudront et
« d'employer à cet effet tels engins et machi-
« nes qu'ils jugeront nécessaires, quand
« même cela pourrait avoir des inconvénients
« pour ceux qui voudraient continuer à se
« servir des anciens procédés.

« Aucune usine ne pourra être installée
« dans la capitale, dans une autre ville ou aux
« environs, sans l'autorisation du chef de la
« municipalité qui veillera à ce que cette
« usine soit placée de manière à ne causer
« aucun dommage au public ou à des parti-
« culiers.

« Les machines venant de l'étranger seront
« soumises aux droits de douane.

« Ceux de nos sujets qui exercent une in-
« dustrie quelconque devront se soumettre
« aux droits établis ou que nous établirons à
« l'avenir.

« Les fabrications défendues aux particu-
« liers sont la poudre, le salpêtre, les armes
« et les munitions de guerre.

« *Article 98.* — Tous nos sujets, à quelque
« religion qu'ils appartiennent, sont libres de
« se livrer au commerce d'importation et
« d'exportation, en se conformant aux lois et
« règlements déjà établis ou qui seront éta-
« blis à l'avenir relativement aux droits d'en-
« trée et de sortie sur les produits du sol et
« manufacturés.

« *Article 99.* — Tous nos sujets devront
« respecter les interdictions qui émaneront
« de notre Gouvernement, quand l'intérêt du
« pays l'exigera, au sujet de l'entrée et de la
« sortie de certains produits, tels que les ar-
« mes, la poudre et autres munitions de
« guerre, le sel et le tabac.

« *Article 100.* — Il sera facultatif à tous
« nos sujets, à quelque religion qu'ils appar-
« tiennent, d'embarquer eux-mêmes les pro-

« duits qu'ils exporteront, blés, huiles, etc.,
« sans être obligés de se servir des moyens
« de transport de tel ou tel fermier; mais ils
« seront tenus de faire peser ou mesurer
« leurs produits par les peseurs et mesureurs
« du Gouvernement qui prélèveront le droit
« fixé.

« *Article 101.* — Les navires qui entreront
« dans nos ports pour y faire des opérations
« de commerce paieront les droits de port,
« d'embarquement et de débarquement qui
« seront fixés par une loi spéciale d'une ma-
« nière uniforme pour tous les ports du
« royaume.

« *Article 102.* — Pour faciliter le dévelop-
« pement du commerce et pour arriver à ce
« but, il est nécessaire d'adopter un système
« uniforme de poids et mesures pour toutes
« les provinces du royaume. Une loi spéciale
« qui fera partie de ce Code sera élaborée à
« cet effet.

« *Article 103.* — Tous les droits et rede-
« vances quelconques ne seront plus affermés,
« mais ils seront perçus par des employés du
« Gouvernement dont la gestion sera réglée

« par une loi spéciale qui sera élaborée ulté-
« rieurement et fera partie de ce Code.

« *Article 104*. — Le Gouvernement ne pré-
« lèvera plus aucun droit en nature, à l'ex-
« ception des dîmes sur les récoltes des grains
« et des olives.

CHAPITRE XIII.

DES DROITS ET DES DEVOIRS DES SUJETS ÉTRANGERS ÉTABLIS DANS LE ROYAUME DE TUNIS.

« *Article 105*. — Une liberté complète est
« assurée à tous les étrangers établis dans
« les états tunisiens quant à l'exercice de
« leurs cultes.

« *Article 106*. — Aucun d'eux ne sera mo-
« lesté au sujet de ses croyances, et ils seront
« libres d'y persévérer ou de les changer à
« leur gré.

« Leur changement de religion ne pourra
« changer ni leur nationalité, ni la juridiction
« dont ils relèvent.

« *Article 107*. — Ils jouiront de la même
« sécurité personnelle garantie aux sujets

« tunisiens par le Chapitre II des *Explica-*
« *tions des bases du Pacte fondamental.*

« *Article 108.* — Ils ne seront soumis ni à
« la conscription, ni à aucun service mili-
« taire, ni à aucune corvée dans le royaume.

« *Article 109.* — Ainsi qu'il a été promis
« aux sujets tunisiens, il est garanti aux
« étrangers établis dans le royaume une sû-
« reté complète pour leurs biens de toute na-
« ture et pour leur honneur, ainsi qu'il est
« dit aux Chapitres III et IV de l'*Explication*
« *du Pacte fondamental.*

« *Article 110.* — Il est accordé aux sujets
« étrangers établis dans le royaume les
« mêmes facultés accordées aux sujets tuni-
« siens, relativement aux industries à exercer
« et aux machines à introduire dans le
« royaume, et ils seront soumis aux mêmes
« charges et conditions.

« *Article 111.* — Les dits sujets étrangers
« ne pourront établir les usines destinées à
« l'exercice des industries que dans les en-
« droits où ils ont le droit de posséder et dans
« l'emplacement qui sera désigné par la mu-
« nicipalité, ainsi qu'il est dit à l'article 97.

« *Article 112*. — Les sujets étrangers éta-
« blis dans les états tunisiens pourront se
« livrer au commerce d'importation et d'ex-
« portation à l'égal des sujets tunisiens, et ils
« devront se soumettre aux mêmes charges
« et restrictions que celles auxquelles sont
« soumis les dits sujets tunisiens.

« *Article 113*. — L'article 11 du *Pacte fon-*
« *damental* avait accordé aux sujets étrangers
« la faculté de posséder des biens immeubles
« à des conditions à établir; mais, quoique
« tout ce qui résulte du *Pacte fondamental*
« soit obligatoire, néanmoins, en considérant
« l'état de l'intérieur du pays, il a été reconnu
« impossible d'autoriser les sujets étrangers
« à y posséder, par crainte des conséquences.
« Ainsi, une loi spéciale désignera les locali-
« tés de la capitale et ses environs, et des
« villes de la côte et leurs environs où les
« étrangers pourront posséder.

« Il est bien entendu que les sujets étran-
« gers qui posséderont des immeubles dans
« les localités désignées seront soumis aux
« lois établies ou à établir par la suite, à
« l'égal des sujets tunisiens.

« *Article 114.* — Les créatures de Dieu de-
« vant être égales devant la loi, sans distinc-
« tion, soit à cause de leur origine, de leur
« religion ou de leur rang, les sujets étran-
« gers établis dans nos Etats et qui sont ap-
« pelés à jouir des mêmes droits et avantages
« que nos propres sujets devront être soumis,
« comme ceux-ci, à la juridiction des divers
« tribunaux que nous avons institués à cet
« effet.

   « Les plus grandes garanties sont données
« à tous, soit par le choix des juges, soit par
« la précision des Codes d'après lesquels les
« magistrats doivent juger, soit par les divers
« degrés de la juridiction, et pourtant, afin
« de donner une sécurité plus grande, nous
« avons établi dans le Code civil et criminel
« que les Consuls ou leurs délégués seront
« présents devant tous nos tribunaux dans
« les causes ou procès de leurs administrés. »

On voit par l'ensemble de ces dispositions
législatives que leurs principes, comme la

plupart des détails d'application, se rapprochent essentiellement des idées européennes et surtout des institutions françaises. Ainsi donc l'apathique Orient est sorti de sa somnolence séculaire; il adopte nos mœurs et nos lois! Personne, sans remonter à plus d'un demi-siècle, n'aurait osé prédire un tel résultat, et tout le monde eût considéré comme une absurdité la prévision de cet immense progrès. Croire que les princes de l'Islamisme consentiraient à entreprendre une œuvre pareille et qu'ils auraient assez de persévérante influence pour convaincre des populations esclaves de préjugés et de traditions immuables, c'était vouloir être rangé au nombre des *saints*. Nous voici cependant en face du fait accompli, et Tunis, malgré les embarras d'une situation momentanément difficile, démontre au vieux parti du fanatisme que sous les rayons de l'Occident le croissant de Mohammed peut briller du plus vif éclat.

Sidi Mohammed mourut deux ans plus tard, en 1276 de l'Hégire correspondant à notre année 1859. Son frère, le Mouchir Mohammed-ès-Sadok lui succéda au trône après avoir

prêté au Pacte fondamental le serment prescrit par la Loi organique.

Voici en quels termes il formula ce serment :

« Au nom du Dieu clément et miséricor-
« dieux,

« Béni soit celui qui a fait que la confiance
« soit la cause la plus efficace de la prospé-
« rité! Que les bénédictions et le salut soient
« sur notre Seigneur Mohammed, ses parents,
« ses compagnons et tous ceux qui les ont
« suivis dans le bien !

« J'ai reçu l'hommage des hauts dignitaires
« présents, conformément au Pacte fonda-
« mental qui garantit à tous les habitants la
« sûreté de leur honneur, de leurs biens et
« de leurs personnes, et qui renferme diffé-
« rents autres principes et obligations que
« feu mon frère et Seigneur Mohammed,
« Bacha-Bey, s'est engagé à observer sous la
« date du 20 Moharrem 1274, et, conformé-
« ment à ce qui est prescrit dans ledit Pacte
« fondamental, j'ai juré et je jure devant Dieu
« que je respecterai tous les principes qui y

« sont établis et que je ne ferai rien qui leur
« soit contraire.

« Ces mots ont été dits par moi et répétés
« en mon nom par celui qui les lit. Ma signa-
« ture et mon cachet qui sont apposés sur cet
« acte sont un témoignage digne de foi et évi-
« dent pour toutes les personnes présentes à
« cette assemblée et pour tous nos sujets et
« les habitants de nos Etats.

« En conformité de cela, vous devez respect
« et obéissance.

« Que Dieu soit en aide à tous les assis-
« tants !

« Donné le samedi 25° jour du mois de
« Sfar 1276. »

Mohammed-ès-Sadok, souverain actuel de
la Régence de Tunis, s'inspire des grands
exemples de ses prédécesseurs : il se maintient, comme eux, dans la voie du progrès et
de la civilisation, et il ne néglige rien de ce
qui peut assurer la prospérité de son peuple.
Cependant, une insurrection agita profondément le pays en 1864, et l'on put craindre un
instant que le sacrifice des nouvelles institutions devînt nécessaire pour apaiser les esprits.

Mais le Bey ne faiblit pas, il lutta avec énergie contre les meneurs du désordre et triompha des tendances du parti rétrograde qui voulait soustraire sa politique à l'influence occidentale. Après avoir rétabli le calme dans ses Etats, Mohammed-ès-Sadok se remit courageusement à l'œuvre, ne cessant de faire prévaloir les idées grâce auxquelles la Tunisie devient tous les jours plus florissante. Il encourage les arts et l'industrie, il protége l'agriculture, il prend l'initiative de réformes utiles et de grandes créations pour lesquelles il s'entoure de savants et d'ingénieurs européens. Aussi a-t-il pu nous montrer, à l'Exposition universelle de 1867, les remarquables productions de la Tunisie, et leur assurer un rang si distingué parmi les merveilles de tous les peuples.

La cour de Son Altesse est ouverte aux personnes qui sollicitent l'honneur d'être admises en sa présence; chacun est reçu par Mohammed ou les princes et princesses de sa famille avec la plus délicate affabilité et cette courtoisie pleine de distinction qui ont rendu célèbre l'hospitalité des Beys de Tunis.

II

RACES, COUTUMES ET SUPERSTITIONS.

Tunis présente un mélange de races variées et très-différentes les unes des autres. On y rencontre les types purs ou croisés de tous les habitants qui ont occupé le pays, depuis l'autochtone jusqu'aux occidentaux fixés dans ces contrées dont ils se sont fait une seconde patrie.

A tout Seigneur tout honneur! — Voici le Berbère, fils des premiers possesseurs du sol et fier de l'antiquité de sa race. Chassé de la plaine par l'invasion des Maures et des Arabes, il s'est fait *Kabile* (ou *Kobaïle, Kabaïl* et

Kbaït), c'est-à-dire habitant des montagnes. Il a la peau bistrée et noircie par le soleil, les cheveux bruns ou rouges, il est trapu, de formes maigres mais vigoureuses. Il a le visage court, le front large et tatoué d'une petite croix (1), le nez épais, la bouche lippue et le regard féroce malgré ses yeux bleus.

Le Kabyle ne ment pas, il garde avec soin la parole jurée, il a de la franchise et de la droiture, mais sa vengeance est toujours sanglante. Il est généreux envers les pauvres, il accorde volontiers l'hospitalité et, comme le dit fort bien M. Henri Dunant, il a plus d'orgueil que de vanité. Il dédaigne surtout l'ostentation si chère aux Orientaux.

Son costume est aussi simple que ses goûts :

(1) « On dit que cet usage remonte à l'invasion des Vandales. « Les vainqueurs ayant exempté de tout impôt les populations « chrétiennes, celles-ci pour éviter toute contestation adoptèrent le « signe d'une croix tatouée sur le front, et les Kabyles ont conservé « cette coutume en changeant de religion, comme ils avaient conservé « jadis, pendant qu'ils étaient chrétiens, plusieurs pratiques du pa- « ganisme. Ces traces intéressantes du règne des idées chrétiennes « parmi les peuples du littoral de l'Afrique, burinées sur le front en ı caractères que les générations se transmettent sans en comprendre « le sens, sont peut-être une espérance pour l'avenir en même temps « qu'un témoignage du passé. »

(Journal de Mgr le duc d'Orléans sur son Expédition aux Portes de Fer, rédigé par M. Ch. Nodier, de l'Académie Française.)

une *chelouhah* ou chemise de laine à manches courtes, descendant jusqu'aux genoux et maintenue par une ceinture grossière,—un *haïk* ou manteau, fixé autour du front par une corde en poils de chameau,—une calotte en feutre blanc, ou plus souvent la tête nue, et parfois en hiver un burnous avec capuchon jeté par dessus le haïk. Tel est le vêtement de ces montagnards qui marchent pieds nus, laissant à leurs chefs le privilège de la chaussure.

Ils habitent des maisons grossièrement bâties en pierres ou en briques couvertes de chaume, de branchages ou de tuiles. Les Kabyles sont villageois, ils aiment le sol et s'y attachent; cependant ils sont très-industrieux et ne manquent pas d'instinct commercial. Ils excellent dans les travaux des champs ainsi que dans les soins à donner aux arbres et aux jardins, mais ce ne sont pas là leurs seules occupations : on les voit aussi établir des moulins à huile, des métiers à tisser, des fabriques de savon, d'armes, d'objets en bois et d'instruments aratoires, des poteries, des tuileries, des fours à chaux. Ils confectionnent eux-mêmes les diverses pièces de leur vêtement, et ne viennent guère dans les villes que pour vendre leurs récoltes et les produits de leur industrie, ou pour prêter leur argent avec intérêts.

Les Kabyles forment divers groupes n'ayant aucun lien politique entre eux et vivant même d'une vie spéciale, avec des traditions particulières qui restent propres à chacune de ces peuplades. Ainsi, le Maroc à ses *Chaouras*, de race Kabyle; en Algérie nous possédons deux Kabylies, celle du Djurjura, plus communément appelée *grande Kabylie*, dont nos soldats préparèrent la conquête par leur fameuse expédition des Portes de Fer en 1839 sous les ordres du duc d'Orléans, et la *petite Kabylie* où, quelquefois encore, des chefs indigènes excitent contre nous le fanatisme de tribus rebelles. Enfin, Tunis a pareillement sa Kabylie, vers Bizerte et le Kef, habitée par les *Zouaouas*, appelés aussi *Djébélias* (du mot *Djebel* qui signifie montagne). Ce sont ces derniers dont nous venons de tracer le portrait.

Les divers peuples kabyles, bien que n'ayant entre eux aucune règle commune, s'entendent cependant pour porter une même haine aux Arabes. Hâtons-nous de dire que ceux-ci les paient de retour et les détestent avec une égale animosité.

Les femmes Kabyles sont robustes, aux formes opulentes, et elles n'ont pas moins de rudesse que leurs maris. Comme eux, elles vont pieds nus et se tatouent bizarrement la figure ; elles ne portent d'autre ornement que des anneaux de métal aux oreilles, aux bras et aux jambes. Sans coiffure, les cheveux flottants ou négligemment retenus par un simple cordon, elles vaquent à leurs travaux quotidiens, le visage découvert, et se présentent non voilées devant les étrangers. La femme Kabyle est traitée avec égards par son mari qui ne la prive point de sa liberté et l'admet aux repas de famille. Aussi son existence est-elle beaucoup moins pénible que celle des autres femmes du monde musulman.

Auprès du kabyle, l'Arabe est reconnaissable à sa taille élancée, à sa maigreur musculeuse et à sa belle prestance remplie de noblesse et de majesté. Il a l'œil noir et vif, des traits fins, le visage ovale, le nez aquilin, les lèvres minces, la barbe rare et noire. Sa physionomie intelligente exprime la ruse et l'astuce ; cependant il est fidèle à ses engagements et se montre toujours chevaleresque. L'Arabe est brave, courageux et intrépide, ardent et impétueux, mais en même temps sévère, persévérant, digne et fier. Il aime ou il haït sans aucune mesure, il ne connaît ni la tiédeur ni l'indifférence. De même qu'il pousse le dévouement jusqu'au sacrifice de la vie, il mettra tout en œuvre pour châtier celui qui l'a offensé.

Avant de montrer sa générosité vis-à-vis d'un Arabe, il faut lui avoir prouvé sa force, car il n'estime et ne respecte que l'homme fier, énergique, fort et courageux. Donnez-lui des coups de bâton, il vous tiendra en haute considération ; soyez avec lui doux, bon et modeste, vous vous exposez à son mépris.

Habitué dès l'enfance aux plus dures privations, il reste sobre toute sa vie. La frugalité même lui plaît, et souvent nous l'avons vu se contenter pour toute nourriture de quelques pincées d'orge ou de riz cuit à l'eau, de lait, de fruits et d'une sorte de galette fort mauvaise.

L'Arabe est essentiellement nomade ; néanmoins il s'attache au sol qu'il a cultivé et presque toujours, après une absence plus ou moins longue, il ramène son *douar* (1) aux lieux qu'il a déjà occupés. Aussi paresseux qu'ignorant, il abrite ces défauts sous le commode prétexte de sa noble mission dans ce monde ; sa paresse est telle qu'en dehors de la guerre, il évite tout ce qui pourrait lui coûter peine ou fatigue. Il se livre habituellement à l'élevage du bétail et des chevaux, occupations qui n'usent guère ses forces, puis aux travaux des champs, mais la terre d'Afrique est si fertile qu'elle n'a besoin que de légères entailles à la surface, ce qui permet à l'Arabe de s'en remettre à la nature pour se dispenser du reste.—Avare et cupide, il aime l'argent non pas pour en jouir, mais pour entasser. Quand il est parvenu à réaliser quelque gain, il cache sa fortune dans des silos que lui seul connaît, et ne cherche pas à la faire

---

(1) Le *douar* est une réunion de tentes formant une espèce de hameau ou de village ambulant. Par extension, on donne le nom de *douar* à tout centre de population indigène ne constituant pas une localité proprement dite.

valoir. Si les Arabes n'avaient un goût excessif pour l'ostentation, rien ne contrarierait leur singulière manie de thésauriser, mais partout et toujours il est dispendieux de *paraître*, et ce qui chez nous serait une cause de ruine a pour eux des conséquences salutaires en mettant un frein à leur passion d'accumuler.

La femme Arabe, bien prise dans sa petite taille, est assez jolie sans être véritablement belle; malheureusement ses grâces passent vite. Mariée à 12 ans, elle paraît déjà vieille quand elle atteint sa vingtième année. D'ailleurs, l'existence que lui fait son époux est si pleine de souffrances qu'on se demande comment elle peut supporter un tel sort.— Pour elle, le repos n'existe pas. Elle file et tisse les étoffes destinées à vêtir son mari ou à confectionner les tentes de la famille. C'est elle encore qui trait les brebis, s'occupe des mille détails du ménage, va puiser de l'eau à la source, ramasser au loin des broussailles et du bois. Souvent aussi elle est obligée de manier la charrue, de porter de lourds fardeaux et de se livrer aux travaux les plus rebutants ou les plus pénibles. Pendant ce temps, le mari hume des tasses de moka ou flâne en fumant. On le voit même, parfois, pousser le despotisme jusqu'à forcer sa malheureuse femme à porter son fusil et à suivre à pied, avec un enfant sur le dos, l'allure du cheval qu'il monte. Aussi ne reste-t-il bientôt à ces pauvres victimes que des traits flétris avant le temps.

Elevées dans la conviction qu'elles se doivent exclusivement au service des hommes, elles supportent patiemment ce joug brutal. Aucune circonstance ne leur permet de connaître les douceurs de la sollicitude conjugale : Malades, elles restent privées de soins, et même quand elles vont donner un nouveau membre à la famille, leur époux reste insensible devant cette maternité qui est son œuvre. Il laisse la jeune mère sans assistance et ne se départit pas un instant de sa froide tyrannie. M. Casimir Henricy (1) a fait un navrant tableau de la femme parvenue au terme de cette épreuve : « Elles hâtent—dit-il—par tous « les moyens en leur pouvoir la délivrance « tant désirée. Tantôt elles se suspendent à

____

(1) *Mœurs et costumes de tous les peuples.*

« une corde fixée à l'axe de la tente et hur-
« lent d'une voix désespérée les louanges
« sacramentelles du prophète, tantôt, plus
« courageuses, elles osent recourir à l'inter-
« vention des hommes. En ce cas, un individu
« vigoureux est mandé ; il s'approche, enlève
« la patiente en lui passant un bras autour du
« cou, l'autre sous les cuisses, puis, l'élevant
« aussi haut que ses forces le lui permettent,
« il la laisse tomber de tout son poids sur le
« sol. Si la secousse détermine l'accouche-
« ment, tout est pour le mieux ; si, ce qui
« arrive plus fréquemment, la mère et l'en-
« fant sont tués du même coup, Dieu est
« grand !—s'écrie-t-on,—et le mari ne donne
« pas une larme à sa fidèle compagne. »

On a tellement ravalé à leurs propres yeux les
femmes Arabes qu'elles se voient sans tris-
tesse reléguées dans l'affection de leur époux
entre sa jument et son chameau. Elles supportent avec un calme vraiment stoïque les bru-
talités et les dédains d'hommes stupidement
élevés dans la croyance que la femme n'a pas
d'âme. Privées de toutes consolations, elles se
voient enlever jusqu'aux adoucissements de

la prière, car l'accès des Mosquées leur est rigoureusement interdit, et dans leur infortune elles ne souhaitent qu'une chose, c'est de ne pas être répudiées après de longues années de dévouement.

Il y à peu d'Arabes nomades en Tunisie, mais on y voit beaucoup de *Hadars* ou Arabes citadins, désignés plus communément sous le nom de *Maures* (1). Ceux-ci ont la démarche noble et grave, l'attitude nonchalante, le regard calme et indolent. Leurs grands yeux bien fendus quoique sans expression, leur nez aquilin, leur teint blanc un peu jauni par le soleil, leur barbe noire réalisent à la perfection le type du croisement des races européennes et asiatiques. Les uns descendent des Maures

(1) On a souvent compris sous la dénomination de *Maures* trois espèces différentes de races qui cependant ne constituent pas le même peuple. — Ainsi, les Romains appelaient Maures ou Mores les habitants des Mauritanies qui ne sont, à proprement parler, que des Berbères, ancêtres des Kabyles. Parfois aussi, et notamment dans le livre du prophète Jérémie, le nom de Mores a été donné aux populations noires du désert. A l'époque du moyen âge, les Arabes qui passèrent en Espagne furent appelés Maures, tandis qu'en France et en Italie on les désignait sous le nom de Sarrasins. Cependant, ces Arabes envahisseurs ne descendaient nullement des anciens peuples des Mauritanies. Enfin, dans les temps modernes, on a rendu le nom de Maures aux habitants sédentaires du littoral africain, à ceux qui y possèdent une installation fixe.

d'Espagne ou de Sicile refoulés à Tunis par la domination des princes d'occident, d'autres proviennent de souche turque, d'autres enfin sont issus des nombreux esclaves espagnols, grecs, italiens, circassiens qui demeurèrent en Afrique et embrassèrent l'Islamisme après avoir recouvré leur liberté.

Les maures portent le turban (*Djemala*) roulé sur la *Chachia* ou fez rouge avec flot de soie bleue. Sous la chachia ils mettent l'*Alarakia,* sorte de petit bonnet en calicot blanc. Ils ont deux gilets, l'un de dessous appelé *Farmela,* l'autre de dessus, avec boutons, nommé *Sedria.* — L'*Abaïa* ou veste brodée est en étoffe de nuance claire, elle ne descend que jusqu'à la taille, laissant voir une ceinture (*Samla*) qui s'enroule autour du *Sseroual,* large pantalon à la mode turque. Ils sont chaussés de bas avec des babouches en maroquin, et ils jettent sur leurs épaules un *Haïk* ou grand vêtement de laine et soie qui enveloppe la tête et le corps entier. Par dessus se place le *Bernouss* en hiver, ou la *Gefara,* petit burnous en laine blanche et fine pour l'été.

Le Maure a des habitudes paisibles et des mœurs douces qui se révèlent par l'embonpoint dont il est chargé. Ses occupations n'exigent aucune dépense de force physique, et l'on ne reconnaîtrait guère, en cet homme qui se complaît à tresser de la soie ou à broder comme une femme, le descendant d'une race autrefois si turbulente. Il récite ses cinq prières quotidiennes et tue le temps qui lui reste en causant tranquillement, les jambes croisées, en rêvant béatement au milieu de la fumée qui s'échappe de sa longue pipe de jasmin, ou en s'éventant avec un petit drapeau de sparterie qu'il agite lentement.— S'il tient boutique, il ne croit pas déroger et, fût-il de la noblesse, il se considérera toujours comme l'égal du plus grand potentat en vendant au plus juste prix des étoffes, des armes à feu, des objets en filigrane d'or et d'argent, des éventails d'aloès, des bracelets, des essences, des parfums, des coraux, de l'ambre, des défenses de sanglier montées en argent, du tabac, du hachich, du henné, du koheul, des babouches, et jusqu'à des fruits et des légumes.

Quelle que soit la profession d'un Maure descendant de ceux d'Espagne, il n'oubliera pas qu'il appartient à l'aristocratie du pays, formant une caste à part, il ne fréquentera guère les autres Maures, et il méprisera l'Arabe nomade comme un être sauvage, barbare et déclassé. Avec ses manières hautaines et superbes, le Maure est toujours poli, plein de tact et, chose singulière, même dans la classe inférieure on n'entend jamais ni ces impertinences ni ces grossièretés si communes chez les gens du peuple en Europe. Il pousse le sentiment de la dignité personnelle jusqu'à ne jamais rire aux éclats.

Les Mauresques de distinction sont d'une grande beauté. Elles ont une exquise fraîcheur de teint, des yeux noirs et expressifs, une voix douce, des cheveux d'ébène, beaucoup de régularité dans les traits et une physionomie des plus séduisantes. Elles vivent dans une oisiveté complète, privées de toute liberté par la jalousie farouche de leurs époux. Rien ne vient rompre la monotonie de leur existence, sauf quelques occupations domestiques, les soins à donner aux enfants, des pèlerinages aux cimetières, des collations entre amies et de rares promenades. Beaucoup de ces femmes ne sont jamais sorties que pour passer de la maison paternelle dans le harem conjugal ; quand elles vont à la campagne, des voitures absolument closes les cachent aux regards indiscrets. Les Mauresques aiment la toilette, et, à quelque classe qu'elles appartiennent, elles sont d'une extrême coquetterie. Elles passent à se parer une grande partie des journées, n'ayant d'autre souci que de plaire à leurs maris ou d'éclipser leurs rivales.

Le matin, elles portent un négligé plus que léger ; quiconque a pu les surprendre, à ce moment de la journée, allant et venant dans le harem, n'oublie jamais l'apparition de ces femmes vêtues d'une simple chemise à manches courtes qui laisse voir leurs bras gracieusement potelés, et d'un caleçon descendant à peine jusqu'aux genoux. Un petit châle dont les bouts sont noués devant la ceinture tient lieu de jupon et voile les formes que le caleçon dessine trop franchement. La gorge est soutenue par un corsage étroit qui la ramène en avant, et un simple foulard maintient les cheveux dont les boucles tombent sur le cou.

Plus tard, quand l'heure de la toilette est arrivée, une mise sévère remplace ce costume matinal. La Mauresque revêt **sa** *Dakéla,* ou robe de dessous, dont les manches sont retenues aux poignets par des bracelets appelés *Msaïs*. Elle passe ensuite une *Djebba,* sorte de tunique ouverte, chamarrée en soie de deux couleurs, puis la *Farmela,* petite veste turque où l'or et l'argent serpentent en capricieuses broderies. Le pantalon, tombant jusqu'à mi-jambe, est fixé par une longue ceinture de soie à larges raies de couleur qui flotte sur les talons. Sa tête est couverte d'un mouchoir ou *Saffaka,* destiné à maintenir la *Kuffia,* espèce de bonnet brodé d'or ou d'argent, formant queue derrière la nuque et descendant jusqu'à la taille. Non-seulement la Mauresque se charge les cheveux, le cou, les oreilles, les bras, les chevilles de bijoux et de nombreuses pièces d'or, mais encore elle suspend à sa ceinture une quantité invraisemblable d'ornements, tels que petits miroirs, agrafes, chainettes, coraux, boites de senteurs, etc. Ce n'est pas tout encore, car l'ajustement de ces diverses parures n'est que la moindre partie de la toilette des dames mauresques. Elles se peignent les sourcils en noir, de telle sorte que leurs arcades artistement prolongées des deux côtés du front se réunissent au milieu. Elles se brunissent l'intérieur des paupières avec de l'antimoine, singulier usage qui donne, il est vrai, du relief et de la vivacité à la physionomie, mais lui communique aussi beaucoup de dureté. Elles se rougissent avec du henné la paume des mains, les ongles et les pieds qui prennent ainsi une teinte orange foncée. Quoique ce maquillage fasse ressortir la blancheur des parties voisines, il est disgracieux, pour ne pas dire répugnant. Nous préférerions que, suivant l'énergique expression d'un prédicateur s'adressant à nos Françaises, les femmes renonçassent, en Orient aussi bien que chez nous, « à raturer l'œuvre de Dieu » ; leur beauté y gagnerait considérablement.

Lorsqu'elles sortent, les Mauresques changent encore de toilette. Leur pantalon de toile blanche descend en fronçant jusqu'à la cheville;—par-dessus les vêtements elles endossent la *Gandoura,* espèce de tunique d'étoffe claire qui est retenue sur les épaules à l'aide d'épingles en or ou en argent. Un mouchoir appelé *Takréta,* couvre le dessus de la tête et le front, tandis qu'un long voile brodé (*Beskir*), attaché par derrière, enveloppe le nez, le menton et tout le bas du visage, ne laissant voir que les yeux. Enfin, elles se drapent dans un *Sassari* ou haïk de laine blanche qui dissimule même les mains.

Ainsi vêtue, la Mauresque ressemble beaucoup au « bloc enfariné » de La Fontaine, et elle « ne dit rien qui vaille. » — Quand on la rencontre, on se pose deux questions invariables : Est-elle jeune?.... Est-elle jolie?.... Double mystère qu'il est parfois impossible d'approfondir. Cependant on y parvient, et l'auteur des *Mœurs et Costumes de tous les peuples* indique un moyen dont nous nous sommes servi bien souvent quand la curiosité nous poussait à deviner ce que cachaient ces voiles importuns. « Est-elle jeune? — dites-« vous : — approchez et examinez la partie « du pied située immédiatement au-dessous de « la cheville. Y apercevez-vous des rides? Là

« est tout le problème. Mais, par malheur, le
« fantôme empressé d'adopter la mode fran-
« çaise porte des bas, fâcheux symptôme !
« Approchez toujours et dirigez ailleurs votre
« examen : le globe de l'œil, reculé vers le
« fond de l'orbite, est-il ombragé par une ar-
« cade sourcillère s'avançant en arête vive ?
« Soyez sûr que c'est une femme qui a atteint
« l'âge où elle n'est plus digne que de vos
« respects. Ces deux diagnostics sont infailli-
« bles, du moins au dire des connaisseurs.—
« La seconde question : Est-elle jolie ?.... est
« plus difficile à résoudre, mais l'expérience
« vous aidera à discerner les traits de ce vi-
« sage dont un voile parfaitement appliqué
« accuse à dessein les contours. Si la femme
« qui est l'objet de votre indiscrète attention
« a de bonnes raisons pour ne pas se cacher,
« le mouchoir dont les lois conjugales l'obli-
« gent à se couvrir sera, croyez-le bien, assez
« transparent pour vous laisser lire aisément
« à travers ce masque illusoire. »

Comme on le voit, il n'est pas absolument
impossible de pénétrer les secrets de ces
blanches inconnues. On arrive aussi sans

trop de peine à savoir si l'on est en présence d'une *Dinat* (grande dame) ou d'une *Msanat* (femme galante). La première marche avec décence, évitant les hommes qu'elle rencontre et regardant modestement devant elle. Ordinairement, elle ne sort qu'accompagnée de un ou de plusieurs serviteurs qui la protégeraient contre toute entreprise galante. Quant à l'autre, bien qu'elle se montre seule, elle a souvent toutes les apparences de la femme vertueuse. On ne devine ses habitudes que si elle veut bien vous les révéler. Mais, quand vous voyez une Mauresque s'approcher des passants ou soulever son voile, ce ne peut-être qu'une prostituée.

On trouve encore à Tunis un type indigène, produit de la race turque croisée avec la race maure. Ce sont les Koulouglis, à la peau blanche et lisse, au visage placide, au caractère indolent et au tempérament lymphatique avec tendance à l'embonpoint. Le Koulougli est aussi vaniteux qu'ignorant, il manifeste dans tous les actes de sa vie une indifférence absolue dont il ne se départit même pas pour l'observation des règles du Koran.

Aussi est-il peu estimé par ses coréligionnaires.

Il nous reste à parler des Juifs facilement reconnaissables à leur type qui est très-beau, à leur costume, et surtout à leur turban noir. Jusqu'à leur émancipation sous le règne d'Ahmed-Bey, ils étaient tenus de porter un costume particulier; aujourd'hui ils ont le droit de s'habiller comme les Maures, mais ils ne profitent pas de cette liberté, et la plupart affectent de conserver leurs vêtements judaïques. Sauf la chachia rouge qu'ils ont adoptée à la place de la calotte noire, leur mise est restée ce qu'elle était autrefois. Autour de la chachia rouge ils roulent une cravate noire en manière de turban; deux vestes, une large culotte turque, une ceinture autour des reins et un petit burnous en drap jeté sur l'épaule complètent leur costume. Seuls les vieux Juifs, qui trouvent que la chachia rouge coûte trop cher, ont gardé la calotte noire, mais ils ne se distinguent pas autrement des autres israélites.

Les Juifs sont très-nombreux à Tunis où ils prospèrent depuis qu'on les a soustraits aux

vexations des musulmans et aux impôts arbi-
traires. Ils sont intelligents, pleins d'activité,
mais avares, cupides, serviles, et leur pol-
tronnerie est passée en proverbe. Ils réalisent
la prophétie des Saintes-Ecritures en montrant le « cœur tremblant que leur a donné
« l'Eternel. » Presque tous sont riches, et ce
n'est un mystère pour personne, malgré le
soin qu'ils prennent de se faire passer pour
pauvres ; néanmoins nul ne connaît les trésors
recélés par ces gens avides, toujours disposés
à faire du brocantage. Les Israélites de Tunis
exploitent tous les genres d'industrie, depuis
le courtage, le change des monnaies, la haute
banque, jusqu'aux trafics les moins avoua-
bles. D'autres se livrent au commerce des
tissus, exercent les professions de tailleur,
cordonnier, épicier, ou vendent de la merce-
rie, de la passementerie, des pelleteries, de
l'orfèvrerie, etc. Tous ou presque tous font
de l'usure leur principal négoce, et sont prê-
teurs d'argent à des taux exorbitants.

Les Juives, contrairement à l'usage des
femmes musulmanes, ont toujours le visage
découvert ; elles ne cachent ni leur beauté, ni

le luxe de leur toilette qui, dans les grandes circonstances, est d'une splendeur éblouissante. Les Juives de Tunis portent un costume se rapprochant beaucoup de celui des Mauresques : l'or et la soie s'y mêlent aux mousselines brodées et à des bijoux massifs d'une grande valeur quoique un peu lourds et mal travaillés. L'absence du voile et du haïk les force souvent à sacrifier la pudeur aux coquetteries de la mode, et elles ne se font nul scrupule d'étaler leurs charmes que laisse complaisamment apparaître l'ouverture de la Farmela à peine retenue par quelques boutous au-dessous des seins.

On marie les Juives entre 12 et 15 ans. Jusqu'à leur nubilité elles sont assez jolies, mais, plus tard, elles deviennent laides sous les boursouflures de l'engraissement auquel elles sont soumises quand il s'agit de les marier. En effet, chez les Juifs de même que chez les Maures, l'embonpoint constitue la suprême beauté; pour eux nulle femme n'est parfaite à moins de ressembler à un bloc de graisse. Afin de l'amener au degré voulu, on la nourrit pendant les quarante jours qui précèdent le mariage avec du couscoussou, de la chair de jeunes chiens, du foie de cheval et des boulettes de graines oléagineuses. Privée de tout exercice, elle est enfermée dans un lieu sombre et humide, on lui donne beaucoup à boire, et on la fait dormir le plus possible. Parfois, les malheureuses succombent à ces pratiques, surtout quand, fiancées à un homme veuf, il faut qu'elles remplissent la capacité des bracelets qui ont appartenu à sa précédente femme, mais, si elles ont pu supporter le régime, il est rare qu'elles perdent par la suite leur volumineuse difformité.

La race nègre a aussi ses représentants en Tunisie ; nous n'en parlerons pas, non plus que des Grecs et des quelques Turcs que l'on rencontre en minorité dans les villes de la Régence. Disons seulement que les nègres, tirés de l'intérieur de l'Afrique, étaient autrefois esclaves pour la plupart (1). Après avoir

(1) On a vu plus haut, dans notre *Précis Historique,* que l'esclavage des hommes de couleur fut aboli en 1842 par Ahmed-Bey.—Jusqu'au terme de leur servitude, les Nègres, protégés par des lois très-équitables, eurent une condition fort douce.

Il n'est pas sans intérêt d'établir la comparaison entre le sort des anciens esclaves tunisiens et celui sous lequel ont gémi tant de malheureux Américains. Personne n'ignore les cruautés exercées contre les hommes de couleur dans l'Amérique du Sud.—On sait

été rendus à la liberté, leurs familles sont restées dans le pays et y ont laissé postérité.

aussi que, malgré l'abolition de l'esclavage par les Etats du Nord, la race blanche y tient toujours en mépris les nègres, mulâtres et quarterons qu'elle abreuve d'avanies. Et pourtant, on nous cite l'Amérique comme la plus noble des Républiques; on nous vante ses citoyens qui prennent le titre de libéraux, de démocrates, et ses journaux qui font sonner si haut les mots de Liberté, Egalité, Fraternité, mots vides de sens, paraît-il, là-bas aussi bien qu'en France. Pourquoi ne méditent-ils pas la *Déclaration de l'Indépendance des États-Unis* dans laquelle Franklin proclame que « tous les « hommes sont créés libres et égaux, et qu'ils ont naturellement un « droit égal à la vie, à la liberté et au bonheur? » — Jefferson, président des États-Unis en 1801, n'a-t-il pas dit en parlant de l'esclavage : « Je tremble pour mon pays, en pensant que Dieu est juste!…. » — Belles paroles inspirées sans doute par cette vérité biblique qu'enseignent les saintes Ecritures : « Dieu a fait naître d'un seul sang tout « le genre humain pour être disséminé sur toute la surface de la « terre. » — Malgré ces grands principes, les Américains, qui cependant appartiennent au christianisme, ont fait de l'esclavage un atroce et impudent commerce. Chez ce peuple qui prétend avoir place à la tête de la civilisation, l'esclave était regardé par les uns comme une marchandise, par les autres comme une bête fauve, par tous comme un être n'ayant aucun droit au titre d'homme. — Nous ne reproduirons pas les détails odieux dont les livres et la presse ont été remplis pendant si longtemps; nous ne parlerons point de ces lois abominables qui firent la honte de l'Amérique : — il nous suffira de rappeler qu'au delà de l'Océan la fin voulue de l'esclavage était uniquement l'avantage du maître : c'était le despotisme le plus absolu qu'on pût imaginer. Toutes les mesures dont l'esclave devenait le prétexte étaient dirigées contre lui, parce qu'elles étaient dictées par l'avarice et l'égoïsme.

Chez les Musulmans, au contraire, le noir et le mulâtre étaient traités avec ménagement et bonté; on les considérait comme les égaux de l'homme blanc, aucun mépris ne pesait sur eux. Les sectateurs de l'Islam se comportaient envers l'esclave à la manière des anciens Hébreux, selon les règles tracées dans l'Exode, le Lévitique, la Genèse et le Deutéronome. Les mariages étaient sacrés. — Le fils d'une négresse esclave et d'un homme libre naissait libre. — L'esclave pouvait hériter de son maître. — Les enfants orphelins avaient des tuteurs pris parmi leurs plus proches parents. — Pour être tuteur, il fallait être réputé sage et capable de prendre soin du pupille. — Les garçons conservaient ce tuteur jusqu'à leur majorité, et les jeunes filles jusqu'à l'époque de leur mariage. — Les formes de vente et d'achat étaient définies. — Tout vieux serviteur recouvrait

—Les Grecs se distinguent par une intelligence remarquable et une aptitude spéciale qui les rend propres aux carrières publiques ; aussi en trouve-t-on beaucoup parmi les fonctionnaires.—Quant aux Turcs, ils sont

sa liberté. — Les modes d'affranchissement étaient nombreux et peu coûteux. — Quand l'affranchi entrait dans la population libre, rien de son passé ne devenait pour lui une cause d'humiliation.—L'esclave faisait partie de la famille. — Si le maître commettait envers son serviteur une action blâmable et patente, l'affranchissement était acquis à la victime.

Voilà ce qui se pratiquait à Tunis et ce que l'on retrouve encore au Maroc et dans le Sahara.

Qu'on juge de la différence qui existe sur ce point entre l'Afrique et l'Amérique ! Mais aussi les Musulmans craignent Dieu. L'athéisme et le matérialisme sont inconnus de ces hommes qui ne contestent ni le Koran ni les préceptes de leurs théologiens. Jamais il n'est venu à l'idée d'un Croyant de discuter ce verset de la Sourate, *la Lumière :* « Pardonnez à votre esclave soixante-dix fois par jour si vous voulez « mériter la bonté divine.—Vêtez vos esclaves de votre habillement « et nourrissez-les de vos aliments.—Si quelqu'un de vos esclaves « vous demande son affranchissement par écrit, donnez-le lui si vous « l'en jugez digne.—Donnez-leur un peu de ces biens que Dieu vous « a accordés. »—Ailleurs, les docteurs musulmans ordonnent de ne jamais dire : « mon esclave, » car nous sommes tous les esclaves de Dieu. On doit dire : « mon serviteur ou ma servante. » Écoutons encore Abou-Messaoud écrivant ce qui suit dans un livre vénéré par tout l'Islam : « J'ai frappé mon esclave et j'ai entendu une voix me crier aussitôt : « Dieu est plus puissant vis-à-vis de toi que tu ne l'es « vis-à-vis de ton serviteur ! » Je me suis retourné, j'ai reconnu le « Prophète et je me suis écrié : « Mon esclave est dès à présent « affranchi pour l'amour de Dieu. » Et Mohammed m'a répondu : « Si « tu n'avais pas agi ainsi, le feu t'aurait dévoré. »

Avec de tels conseils fidèlement respectés, le cœur de l'homme cesse d'être un abîme, tandis qu'il est capable de tout s'il se tient éloigné de Dieu et se livre sans contrôle à ses passions. Nous ne voyons pas d'autre cause aux horreurs commises dans la plupart des pays d'esclaves, et notamment en Amérique.

reconnaissables à leur chachia de forme haute, à leur air farouche, à leur teint blanc et à leur moustache rousse. Ne pouvant renoncer tout-à-fait aux souvenirs de leur ancienne puissance sur Tunis, ils recherchent les emplois où ils pourront exercer un semblant d'autorité. Janissaires au service des Consuls, ils croient volontiers qu'ils ont une part dans les marques de déférence accordées à leurs maîtres, et cette douce illusion les console.

Tous ces hommes d'origines différentes se méprisent réciproquement et s'isolent les uns des autres, sans que le temps ou le voisinage puissent amener leur fusion en effaçant les vieux préjugés. Ainsi les Maures se marient entre eux, et un Arabe ne consentirait jamais à donner sa fille à un Maure. La même antipathie existe entre l'Arabe et le Kabyle. Les Juifs vivent à part, n'ayant avec les autres habitants du pays que des relations d'intérêts ou de commerce. Cependant on retrouve chez chacun de ces peuples des traditions et des coutumes qui leur sont communes, tels que l'hospitalité, le respect filial, l'amour du merveilleux, le fatalisme, le culte des ancêtres et des morts, la jalousie, les superstitions, et tant d'autres dont nous parlerons plus loin.

L'hospitalité arabe, si célèbre qu'elle a passé en proverbe, s'offre au nom de Dieu. Lorsqu'un étranger arrive au douar, il est sûr d'y rencontrer l'accueil le plus cordial ; chacun s'empresse autour de lui et s'enquiert de ses besoins. Une fois entré sous la tente, celui que l'on appelle « l'hôte de Dieu » devient sacré même chez son ennemi le plus acharné, car, dès que la main de l'Arabe a touché la vôtre, sa protection vous est acquise et rien ne peut vous la retirer. Partager le pain et le sel est un gage de sincère réconciliation ou le lien d'une amitié sérieuse et durable.—Le Musulman ne peut refuser l'hospitalité au voyageur sans être noté d'infamie par les siens; aussi, quand un étranger traverse quelque localité, voit-on souvent des rixes éclater entre les indigènes qui se disputent tous l'honneur de l'héberger. On se l'arrache, on le presse, on le harcèle et, pour mettre fin à cette bagarre, il n'a rien de mieux à faire que de désigner l'un des assistants en déclarant qu'il le choisit pour son hôte. Celui-ci alors l'emmène triomphalement pour lui offrir la *diffa* ou repas composé de couscoussou, de fruits secs, de galette, de lait aigre, et d'un mélange de miel et de beurre.

A ce propos, donnons la recette du couscoussou : Il consiste en petits grains de farine de froment que l'on fait cuir à la vapeur, au moyen d'un tamis ou d'une passoire très-fine, avec de l'eau, du bouillon ou du lait. Les globules ne doivent ni adhérer ni perdre leur forme, on y mêle des morceaux de mouton, de volaille, de veau, de bœuf, de gibier cuits avec des légumes fortement assaisonnés de poivre noir et de piment rouge.— Quand il doit tenir lieu de dessert, le couscoussou se prépare avec du beurre frais, de la cannelle, des raisins secs, on le saupoudre de sucre, et on l'arrose d'eau de fleurs d'oranger. C'est alors un mets digne d'être offert aux palais européens les plus délicats.

Les plats sont apportés sur une table très-basse autour de laquelle les convives s'accroupissent à la manière orientale, puis chacun se sert avec une cuiller de bois et mange comme il lui convient. Jamais on n'est incommodé par ses voisins, car l'Arabe ne vous observe pas—ce serait de mauvais ton,—mais il vous excitera à faire honneur à son festin. Pour ne pas être impoli, vous devrez vous forcer l'appétit ou vaincre vos répugnances. Gardez-vous surtout de manifester le moindre dégoût si vous voyez votre amphitryon diviser la viande avec ses doigts et vous l'offrir ainsi ; c'est admis comme une marque de grande politesse. Ne vous formalisez pas non plus s'il laisse échapper par la bouche des gaz bruyants et qui hélas ! ne sont pas toujours inodores; cette affreuse habitude est commune à tous les Maures et à tous les Arabes, depuis le haut dignitaire jusqu'à l'humble chamélier. Ils satisfont ce sale besoin avec un air de solennelle majesté, se frottant la barbe et remerciant dévotement Allah quand l'éructation a été franchement sonore.

L'eau et le *lében,* qui n'est autre que du petit lait, sont les seules boissons servies à la table du Musulman. Les Arabes raffolent du lében qui, suivant eux, donne l'ivresse ;—on lui croirait plutôt des propriétés purgatives.

mais nous nous bornons à constater que les indigènes ont fait leur boisson favorite de cette liqueur aigrelette qu'ils recueillent, au printemps, dans les outres à beurre.

Avant et après le repas, chez les Maures de condition, des serviteurs répandent sur les mains du maître et de son hôte de l'eau de roses ou d'autres essences parfumées.

Dans les pays de l'Islam, les fous et les idiots, qu'on appelle *saints*, sont considérés comme des personnages sacrés : partout où ils se présentent, ils reçoivent des présents ainsi que l'hospitalité la plus généreuse. En rappelant cette coutume, M. Henri Dunant (1) raconte une curieuse anecdote dont un naturaliste allemand fut le héros : « Tout occupé « de science — dit-il — ce savant avait con- « servé le costume des universités alleman- « des, le frac et le pantalon noirs, la cravate « blanche, le chapeau en tuyau de cheminée. « Dans ce costume un peu excentrique, il se « mit à parcourir la Régence, il la traversa

____

(1) *Notice sur la Régence de Tunis.*

« tout entière et passa au travers de tribus
« que le prince même de Tunis a de la peine
« à tenir sous sa dépendance, sans être en
« aucune façon inquiété, tracassé, volé, ni
« maltraité. Bien au contraire, partout on
« s'empressa de lui offrir l'hospitalité, et on
« lui fit toutes sortes d'honneurs. Les indi-
« gènes non seulement l'aidèrent dans ses re-
« cherches scientifiques, mais, empressés à
« lui être agréables, ils lui apportèrent des
« arbres énormes arrachés de terre à son in-
« tention. Ils l'avaient pris pour un fou à la
« vue de son costume, jamais pareil accou-
« trement n'ayant paru si proche du désert,
« car les Européens appelés à voyager dans
« l'intérieur adoptent une partie du costume
« arabe. »

Chez les Maures, comme chez les Arabes,
les enfants montrent un grand respect envers
leurs parents. Si un étranger se trouve dans
la demeure de la famille, ils restent toujours
debout devant leur père ou leur frère aîné,
ils s'abstiennent de manger ou de fumer en
leur présence, ils servent à table et remplissent leur office de serviteurs avec une

soumission dont on n'a pas l'idée dans nos pays.

Il est une autre qualité commune aux Musulmans et aux Israélites : nous voulons parler de la vénération dont les aïeux restent l'objet et du respect qui entoure les morts. Chaque famille possède des généalogies remontant souvent à une haute antiquité et, de père en fils, on conserve la tradition des exploits ou des mérites qui ont illustré les ancêtres. Les descendants des Maures d'Espagne gardent avec le plus grand soin les clefs de leurs maisons de Cordoue ou de Grenade dans lesquelles ils espèrent rentrer plus tard, à l'exemple des Juifs dont le plus ardent désir est de retourner à Jérusalem et de finir leurs jours dans le pays de Canaan.

Les Islamites couchent leurs morts, la tête tournée du côté de La Mecque, et entourent les tombes d'une maçonnerie en brique recouverte de dalles, mais sans aucune inscription. Le seul ornement qu'on y trouve consiste en un petit enfoncement, sorte de godet creusé dans la pierre tumulaire et destiné à conserver l'eau des pluies pour les oiseaux.

Cette précaution, pense-t-on, doit porter bonheur à la famille du défunt.—Les funérailles, quoique fort simples, ne manquent ni de grandeur ni de convenance ; pendant la marche du convoi, les marabouts font entendre des chants graves et tristes, puis, quand on est arrivé sur le bord de la fosse, tous les assistants répètent la phrase sacrée : « Dieu seul est « Dieu, et Mohammed est son envoyé. »

Certains jours de la semaine, les femmes se rendent en pèlerinage au cimetière. Huit jours après l'enterrement, les parentes du mort viennent au champ de repos, escortées d'amies et de quelques voisines. Là, tandis que ces dernières font une paisible collation avec les victuailles dont elles se sont pourvues, la mère, les épouses, les sœurs ou les filles du défunt se livrent à de grands transports de désespoir. Elles s'arrachent les cheveux, se mettent la figure en sang avec leurs ongles, gémissent, se lamentent, poussent des cris déchirants, ou appellent des noms les plus tendres celui qu'elles ont perdu. Après cette scène de désolation qui dure parfois assez longtemps, les femmes quittent toutes ensemble le cimetière et rentrent silencieusement chez elles. — Les hommes, quelque profond que soit leur chagrin, n'en font pas montre extérieurement. Jamais ils ne murmurent contre les décrets de la Providence, et ils sont tellement *résignés à la volonté divine* (1) qu'ils se bornent à dire : « Dieu est grand !..... — C'était écrit !... »

Les Juifs, dominés par la crainte que leur inspirent les morts, se hâtent de les inhumer, au risque d'enterrer des êtres encore vivants. — Pendant les sept jours qui suivent les funérailles, la famille du défunt se consacre au jeûne et à l'humiliation, la lampe symbolique reste allumée, les parents déchirent leurs habits en signe de deuil et ne se nourrissent que d'œufs et de sel. — Les Israélites entretiennent leurs cimetières avec beaucoup de soin : toutes les tombes sont extérieurement blanchies à la chaux vive, afin, disent-ils, de rafraîchir l'âme du mort. Une fois par semaine, les femmes vont y pleurer, mais ces pèlerinages se font avec moins de démonstrations que chez les Musulmans.

______

(1) Telle est la signification du mot *musulman*.

On sait que les populations orientales sont extrêmement superstitieuses. A Tunis, les fausses croyances dominent encore à tel point qu'on n'achève pas la construction d'une maison quand la personne qui la faisait bâtir vient à mourir. Il est d'usage qu'à la pose de la première pierre, le propriétaire tue un bœuf et le donne aux pauvres. Mais ce sont surtout les Juifs qui se distinguent par l'exagération de ces vains présages. Ainsi, au moment où l'un des leurs rend le dernier soupir, ils bouchent immédiatement les puits, les citernes et tous les réservoirs d'eau, dans la crainte que l'ange de la mort n'y trempe son épée sanglante et ne rende les eaux nuisibles ou mortelles. Ils redoutent principalement le *aïn* ou mauvais œil, et cherchent par mille moyens à l'écarter de leurs personnes et de leurs demeures. Craignent-ils, par exemple, que quelqu'un ne leur nuise? — Ils ne seront tranquilles qu'après être parvenus à lui couper furtivement un morceau de son habit, qu'ils brûlent avec la conviction de n'avoir plus rien à redouter.

Les habitations juives portent toutes, au

lieu le plus apparent, une main avec les cinq doigts étendus. Elle est ordinairement peinte auprès de la porte du logis et doit attirer sur elle les maléfices du mauvais œil. S'ils sont pris subitement d'une crainte superstitieuse, les Israélites prononcent le nom de *Joseph*, afin d'appeler sur eux ou sur la personne qu'ils veulent garantir du aïn l'esprit de Joseph, fils de Jacob.

On retrouve chez les Musulmans la main préservatrice dont nous venons de parler, car les Maures et les Arabes ne sont pas moins superstitieux. Ainsi que les Juifs, ils croient au mauvais œil et l'écartent par les mêmes conjurations ; seulement, au lieu de dire Joseph, ils prononcent le mot *Khamsa* (cinq), ou bien ils s'écrient : *Bel haout àlek* (que le poisson soit sur toi)! Dans toutes les constructions mauresques on remarque une pierre noire ou imparfaitement taillée se détachant au milieu des autres. Cette pierre chasse les *djins* et les farfadets qui pourraient, dit-on, renverser l'édifice si celui-ci était irréprochablement bâti ; or, les Orientaux admettent comme un dogme que nulle œuvre humaine n'est parfaite, et, pour être sûrs que leurs maisons pèchent au moins par un point, ils y placent la pierre enchantée.

Il ne faut jamais devant un Juif ou un Musulman faire l'éloge soit d'un enfant soit d'un animal domestique; vous paraîtriez vouloir leur jeter quelque mauvais sort. Cette croyance est si forte que M. Henri Dunant, qui a beaucoup étudié les mœurs de la Tunisie, en parle de la manière suivante : « Lors- « que vous rencontrez un joli petit garçon ou « une charmante jeune fille, gardez-vous bien « de dire : Quel bel enfant! On croirait que « vous voulez lui lancer le aïn.—Mais crachez- « lui dessus et vous serez considéré comme un « homme poli, et les parents de l'enfant se « montreront très-touchés de votre gracieuse « sollicitude à l'égard de leur progéniture.— « Quant aux très-petits enfants, on peut se « borner à leur passer la langue sur la joue « en les embrassant, ce qui suffit pour écar- « ter le aïn. »

Le peuple de Tunis croit aux sorciers et aux astrologues, aux sortiléges et à la magie. Il voit partout des génies, des fées, des péris, des djins, des goules, des afrits, et autres êtres invisibles. Son plus grand souci est de se les rendre favorables en portant des *djedouels*, des *heurz*, des talismans de toute sorte, et en consultant ces fameuses sorcières appelées *téguésas*, vieilles femmes réputées habiles à prédire l'avenir par l'observation des astres.

Les Musulmans prétendent que les planètes ont une influence décisive sur nos destinées, parce que—disent-ils—le froid, le chaud, le sec et l'humide sont les quatre régulateurs de la création. Qu'un enfant, qu'un cheval naisse la nuit ou le jour, sous certaine position de telle ou telle planète, le sort et le caractère du nouveau-né seront prédits à coup sûr, l'animal aura plus ou moins de valeur.— Suivant eux, le soleil est le principe de la chaleur, et la lune celui de l'humidité ; quant au froid et au sec, ils résultent de la conjonction ou du voisinage des autres planètes. Ils considèrent le soleil comme l'astre le plus bienfaisant. — Parmi les planètes, Jupiter a leurs préférences : ils l'appellent *es-Sâd-el-Kébir* (grande fortune), à cause de son influence tempérée par un égal mélange de chaud et d'humide. Vénus n'est pour eux que la petite fortune *(es-*

Sâd-es-Sserhir). D'après M. Casimir Henricy, ils tiennent pour funestes Mars et Saturne surnommés petite infortune (*el-nehess-es-Sserhir*) et grande infortune (*el-nehess-el-Kébir*), l'un étant à la fois chaud et sec, l'autre sec et froid. Les Arabes donnent à Mercure le nom de *Menafeug* (changeur de côté) montrant par là qu'il peut devenir bon ou malveillant, et qu'on ne doit pas avoir une confiance absolue dans ses influences capricieuses. Ils n'accordent aux autres planètes, aucune action particulièrement propice ou fatale, et ils prétendent que tout dépend de leur position respective dans l'ensemble du mouvement sidéral.

Un peuple qui subit à ce point l'empire de la superstition devient nécessairement l'esclave des imposteurs de toute catégorie dont l'audace égale la crédulité de ce monde facile à exploiter. Les médecins arabes excellent à démontrer cette triste vérité, et quand on examine où en est l'art d'Hippocrate dans ces pays soumis au sortilège et à la magie, on ne trouve qu'ignorance et manœuvres où l'odieux le dispute au grotesque. Mais aussi jamais malades ne furent plus commodes ni plus

complaisants que les indigènes d'Afrique; ·
aucun d'eux n'a garde d'oublier certain proverbe dont les Arabes et les Kabyles se sont
fait une règle, et grâce auquel le charlatanisme jouit de toute sécurité : « Ne fais jamais
« de mal aux prêtres, aux médecins, aux
« meuniers, en nulle circonstance et quelle
« que soit leur religion ou leur nationalité. »

En Tunisie, comme dans tout le Maghreb,
les barbiers ne se bornent pas aux humbles
fonctions de leur spécialité; ils sont chirurgiens, quelque peu médecins, ils saignent,
posent des ventouses, les scarifient, prati-
quent la circoncision et arrachent les dents.
Le barbier se déclare volontiers le plus habile
praticien du monde, il assure qu'il ne craint
aucune concurrence et que son instrument est
aussi infaillible que sa science.

« Un jour, — dit un voyageur, — un vieux
« Maure de nos amis se plaignait devant nous
« de violents maux de tête. Il nous fit un rai-
« sonnement superbe pour nous prouver que
« ce mal provenait de ce que le dernier
« couscoussou qu'il avait mangé avait été fait
« avec une vieille poule sur laquelle un juif

« avait jeté un sort. Il alla consulter le bar-
« bier qui lui prouva, par un raisonnement
« plus magnifique encore, que le seul remède
« était d'appliquer une ventouse sur la nuque
« et d'arracher une dent.

« Nous nous prîmes à rire de la conclusion,
« mais le vieux Maure nous dit très-sérieuse-
« ment que le barbier avait raison, et, s'as-
« seyant dans le grand fauteuil de cuir :

« — Fais et guéris-moi! » dit-il avec un
« calme stoïque au chirurgien qui déjà s'était
« armé d'un davier *(Kollal)* aux branches
« inégales, dont l'une, recourbée en pied de
« biche, sert à fouiller dans les gencives pour
« en extraire les racines.

« Le Maure ouvrit la bouche, et une vio-
« lente contraction musculaire de ses jambes
« nous avertit que l'opération était faite. Le
« barbier n'avait arraché qu'une dent molaire
« parfaitement saine, il est vrai, mais, en
« revanche, il en avait cassé trois autres.

« Commencez-vous à vous sentir soulagé ?
« — dit le bourreau qui déjà se disposait à
« ventouser son homme.—Il tenait à la main
« un morceau de corne naturelle dont l'extré-

« mité supérieure était percée d'un petit trou.

« Il aspira fortement pour faire le vide et at-

« tirer la peau qu'il scarifia ensuite avec son

« rasoir par des sections si légères qu'on

« pourrait les appeler homéopathiques.

« — Ça va mieux ; — nous dit gravement

« le Maure ; — je n'ai plus mal à la tête. »

« Il est vrai que le pauvre diable avait la

« bouche et la nuque en sang, mais il se

« croyait guéri, et il l'était en effet (1). »

Le barbier n'est pas le seul disciple d'Esculape qui exerce en Orient : la hiérarchie mé-
dicale comprend encore le *Thébib*, c'est-à-dire
le vrai docteur, le savant impeccable, comme
l'appelle M. Casimir Henricy, puis le *Mdaouï*,
ou simple guérisseur ; ensuite la *Çana*, ins-
trumenteur, et enfin la *Quabela* ou sage-
femme. Il y a bien aussi les marabouts qui se
mêlent de guérir les maladies, mais leur sainteté et la vénération dont ils sont entourés les
dispensent de recourir à la thérapeutique ordinaire. Ils traitent leurs clients par de simples paroles, ou en simulant quelques conju-

(1) M. Casimir Henricy. (*Mœurs et costumes de tous les peuples.*)

rations à l'effet d'expulser le démon dont, sans nul doute, le malade est possédé. Si le mal a l'impertinence de ne pas céder, c'est que le marabout que l'on vient de consulter n'était pas le saint homme spécialement désigné par Dieu pour mettre le diable en fuite.

Les thébibs qui n'ont guère fréquenté que l'école du *taleb*, sorte d'instituteur chargé d'apprendre le Koran aux enfants, ne possèdent aucune instruction spéciale, ils sont médecins ou chirurgiens de naissance et par tradition de père en fils. Le bagage scientifique des plus savants consiste en un peu de physiologie, une idée approximative de la charpente osseuse de l'homme, des fonctions des viscères, et du mécanisme de la circulation du sang. Mais l'observation remplace chez eux le vrai savoir, et ils préfèrent la médecine expectante à la médecine active; sauf dans les cas de blessures d'armes à feu qu'ils traitent avec beaucoup de bonheur et d'habileté, ils abusent toujours des moyens dilatoires. Gens d'esprit et de ressources, ainsi qu'il convient dans des contrées où les subterfuges tiennent lieu de science, ils ont recours aux faux-fuyants les plus ingénieux pour agir sur l'esprit de leurs clients. Ainsi, il leur arrivera, par exemple, de prescrire à un malade de boire du lait de lionne ou d'aller se baigner dans telle rivière, avec recommandation expresse de remonter le cours d'eau et ses affluents jusqu'à leur source. On comprend que de pareils traitements soient fort difficiles à suivre, et si le malade meurt avant qu'on ait pu décider une lionne à se laisser traire, personne ne pourra accuser le thébib de s'être trompé. Si Mohammed-Tounsi (Mohammed le Tunisien), célèbre thébib jouissant d'une brillante réputation acquise en Egypte, à Bagdad, dans le Maroc et à La Mecque, ne dédaignait pas de recourir à des ruses analogues pour persuader à ses clients qu'ils étaient guéris ou allaient guérir. L'écrivain déjà cité rapporte à son sujet l'anecdote suivante :

« Un jour, un pacha attaqué d'une ophthal-
« mie très-grave qui avait résisté aux efforts
« des marabouts, des thébibs et des mdaouï
« de la contrée, entendit parler d'un médecin
« célèbre qui venait d'arriver. Ce médecin
« n'était autre que Si Mohammed-Tounsi.

« Le pacha le fait venir.—« Guéris-moi! »—
« lui dit-il avec autorité. — « Ton mal —
« répondit le thébib—est le symptôme d'une
« maladie plus grave; tes yeux guériront
« quand la maladie qui est la cause première
« sera vaincue. Dieu qui est tout-puissant a
« permis en ta faveur un renversement des
« lois de la nature. Ecoute : Dans neuf mois,
« tu accoucheras d'un garçon qui sera le
« flambeau de l'Islamisme et la terreur des
« infidèles. Ne songe plus à tes yeux mais
« seulement à cet enfant. »

« Qui fut émerveillé? Ce fut le Pacha. Il ré-
« compensa le thébib qui n'eut garde d'atten-
« dre l'issue de la grossesse.—Les neuf mois
« passent et l'enfant ne vient pas. Furieux
« d'être trompé dans l'attente de sa maternité,
« le Pacha fait chercher en tous lieux son
« thébib. On le retrouve enfin, et on l'amène
« devant le Seigneur.

« Quand tu me fis appeler pour la première
« fois devant toi — dit le thébib — que vou-
« lais-tu? Etre guéri de ton ophthalmie. Mais
« la guérison était impossible, car, unique-
« ment préoccupé de ta douleur, tu portais

« sans cesse les doigts à tes yeux et tu aggra-
« vais ainsi le mal que tu aurais voulu guérir.
« Je savais que Dieu suffirait sans mon secours
« à sauver un personnage aussi grand que
« toi ; c'est pourquoi j'ai détourné ton atten-
« tion et l'ai portée uniquement sur ton
« ventre. Tu es accouché, en effet, mais tu
« es accouché de ta guérison et tu es de moi-
« tié dans l'œuvre du Dieu miséricordieux. »

« Le Pacha, admirant la sagesse du Thébib,
« fit donner à Si-Mohammed beaucoup d'ar-
« gent et le plus beau cheval de ses écu-
« ries. »

Le mdaouï est un empirique fort inoffensif,
d'ailleurs ; car il a recours aux amulettes, aux
paroles cabalistiques et aux conjurations.
Presque tous se font spécialistes, les uns pour
l'hydrophobie, d'autres pour les fièvres, les
maux d'estomac, les ophthalmies. Mais c'est
surtout à l'encontre des maris que les mdaouï
inventent ce qu'il y a de plus extravagant en
fait de remèdes. On sait que l'impuissance est
une infirmité très-commune parmi les Orientaux et chez les peuples soumis au régime de
la polygamie. Le mdaouï n'a pas manqué

d'exploiter ce triste mal, et il y trouve une source abondante de revenus. De même que les thébibs, il use de supercheries envers ses malades pour leur soutirer des honoraires soit en argent soit en nature. On cite le fait de ce chirurgien français appelé auprès d'un Arabe qui avait reçu un coup de feu à la jambe. Le docteur ayant déclaré que le projectile était encore dans la plaie, l'Arabe prétendit que c'était impossible attendu que six mdaouï lui avaient déjà extrait chacun une balle.— « Eh « bien! — répondit le Français — je vais t'en « extraire une septième, mais celle-ci sera la « bonne. » — En effet, au bout de quelques instants, il présenta le projectile au malade. « L'Arabe fut ravi, mais il resta convaincu « que les six charlatans auxquels il avait eu « affaire lui avaient bien ôté six belles et « bonnes balles qui sans doute lui avaient « coûté six beaux et bons moutons ». (1)

Le çana est à la fois bandagiste, dentiste, fabricant de béquilles et de jambes de bois, il pose ses appareils, saigne et pratique l'art

(1) M. Casimir Henricy. *loc. cit.*

vétérinaire. Il a une haute idée de sa profession ; médecin des animaux et consolateur des estropiés, il opère sans charlatanisme. S'il confectionne des membres, c'est sans recourir à l'intervention céleste.

Quant à la quabela ou sage-femme, elle n'est autre qu'une *faiseuse d'anges,* suivant l'expression consacrée par nos cours d'assises. On ne saurait croire à l'aide de quels moyens bizarres et parfois odieux, elle a la prétention de seconder les efforts de la maternité aux abois. Parmi les recettes étranges employées par ces misérables pour faciliter un accouchement, la plus originale est à coup sûr celle-ci que nous trouvons dans les *Mœurs et Costumes de tous les peuples :* La quabela compose un breuvage de tout ce qu'elle peut trouver de plus immonde, de plus nauséabond ; l'eau la plus infecte mêlée aux ordures les plus dégoûtantes forme la base de ce philtre tout puissant que la malade doit avaler jusqu'à la dernière goutte. Il est rare que le dégoût n'occasionne pas une violente contraction du diaphragme, et ce mouvement convulsif détermine la délivrance.—D'autres fois, la qua-

bela place sur le ventre de la femme en couches un de ces moulins à bras qui, dans
chaque ménage indigène, sert à moudre le
blé. Elle fait tourner les deux meules et produit ainsi dans tout le corps de la patiente une
commotion terrible. L'ébranlement, les secousses, le poids de l'appareil produisent le
résultat désiré.

L'enfant succombe souvent à la suite de ces
atroces manœuvres, ou bien il se présente
mort-né. Qu'importe?... L'avortement n'est
pas un crime dans les pays musulmans; il y
est même toléré, et ce sont les sages-femmes
qui ont charge de cette affreuse mission. Or,
comme dès avant terme, la quabela pouvait
frapper de mort le fruit maudit qui prélude à
l'existence dans le sein de sa mère, personne
n'éprouve le moindre remords en exposant la
frêle créature aux rudes épreuves que nous
venons de décrire. Aussi les sages-femmes indigènes sont-elles plus habiles dans l'art de
tuer que dans celui de donner la vie.

On s'indigne en voyant la fonction la plus
noble et la plus importante de la femme
abandonnée à l'ignorance, au charlatanisme

et au crime. Mais comment pourrait-il en être
autrement dans un pays où la polygamie et
le divorce éteignent les plus purs sentiments
de l'amour paternel et de l'amour conjugal ?
Qu'on se rappelle ce que nous avons dit sur
la condition des femmes musulmanes, et l'on
comprendra que les malheureuses ne trouvent aucun attrait dans la maternité.

Les charlatans, nécromanciens, tireurs
d'horoscope ont un grand et facile succès auprès de ces hommes qui, vivant dans une in-
cessante contemplation de la nature, attri-
buent volontiers à des causes surnaturelles et
miraculeuses les phénomènes physiques dont
ils sont témoins. Mais les marabouts (1) tiennent le premier rang parmi les gens qui exploitent la crédulité des sectateurs de l'Islam.
Ils abusent du respect et de l'autorité dont ils
jouissent pour devenir, selon l'expression de
l'un de nos auteurs cités, de véritables *devins*

____

(1) Le mot Marabout signifie en Arabe *attaché, lié, emprisonné*. Il
faut, en effet, que le marabout soit lié au Koran, emprisonné dans le
culte des préceptes du livre divin.

Pour qu'un Musulman reçoive le titre de Marabout, il doit, par une
piété exemplaire, une science religieuse complète et des actions miraculeuses, s'être acquis une grande réputation de sainteté.

du village. Les uns passent pour rendre ou donner la fécondité aux femmes, en leur conseillant, par exemple, de couper un morceau d'étoffe sur le vêtement d'un chrétien et de le prendre en infusion. D'autres possèdent des charmes infaillibles contre la morsure des serpents et le venin de certains insectes ; à l'appui de leur dire, ils mangent devant un groupe d'admirateurs des scorpions ou des serpents. D'autres encore affirment que, pour se préserver des attaques d'un ennemi ou des bêtes féroces, il faut prendre, le vendredi une heure juste avant le coucher du soleil, de l'encre mêlée à du safran et du musc, puis écrire cinquante fois de suite le nom de l'ange *Djeberil* (Gabriel) (1), quinze fois celui de *Mikaïl* (Michel), cinq fois celui d'*Asraïl* et d'*Asrafil*, et invoquer ensuite le grand nom d'Allah.

Nous n'en finirions pas si nous voulions raconter toutes les impostures qu'emploient les marabouts pour prouver qu'ils ont reçu de

---

(I) Les Musulmans tiennent l'ange Gabriel en grande vénération parce que, disent-ils, il révéla à Mohammed sa mission prophétique.

Dieu le don de la prescience et la faculté de pénétrer les mystères de l'inconnu. L'imagination des croyants va jusqu'à leur donner le pouvoir de faire des miracles : les eaux d'une fontaine viennent-elles à se perdre dans le sable, tout bon musulman croira que c'est quelque marabout qui, pour punir un de ses ennemis, a défendu à l'eau d'aller féconder ses terres. Mac Gill, voyageur anglais, a entendu parler d'un de ces saints personnages qui, disait-on, avait le privilége de visiter le tombeau du prophète à Médine et d'en revenir dans l'espace d'une demi-heure. Un autre, d'après M. Casimir Henricy, faisait en une seule nuit le voyage d'Europe, y exterminait en passant quelques centaines d'infidèles, et retournait à Tunis avant l'aurore. — La légende représente aussi certains marabouts comme ayant été l'objet des faveurs miraculeuses de la Providence, notamment Sidi Mohammed, de Cordou, dans le tombeau duquel jaillit une source pendant que l'on en creusait les fondations.—Avec un peu moins d'ignorance et un peu plus de dédain pour le fantastique, il eût été facile d'expliquer la cause de ce fait très-naturel, mais on préféra n'y voir qu'un événement merveilleux.

— Ecoutons encore le récit extraordinaire dont Sidi-Mazouz, d'Alméria, est le héros :

« Ce marabout habitait l'Espagne au moment
« où ses compatriotes occupaient le pays.
« Voyant sa fin approcher et ne voulant pas
« que ses cendres reposassent dans un pays
« destiné à devenir la proie des infidèles, il
« dit à son serviteur : « Je vais mourir;
« quand je n'y serai plus, tu me place-
« ras sur ma mule et m'enterreras là où
« elle s'arrêtera. » Dès que son maître eût
« rendu l'âme, le domestique chargea en effet
« son corps sur la mule qui aussitôt se mit
« en marche et se dirigea vers la mer. Au
« lieu de rétrograder ou de s'arrêter, ô pro-
« dige ! elle continua à s'avancer, et la nappe
« liquide, au lieu de s'ouvrir sous ses pas et
« de l'engloutir, la soutint à sa surface et lui
« fit un chemin solide jusqu'à la rive oppo-
« sée. L'intelligent animal fit halte dans le
« voisinage de Mostaganem où il mourut de
« fatigue. Son cadavre fut inhumé à côté de
« celui de son maître, et une magnifique

« *goubba* (1) recouvrit ses restes précieux qui
« venaient de recevoir la consécration du mi-
« racle. »

On peut dire que le métier de marabout est
des plus lucratifs, quelques-uns même possèdent un fort bel achalandage. Quant à ceux
dont les philtres et sortiléges sont de mince
produit, ils trouvent toujours au milieu de
leurs coréligionnaires des soins et des égards
empressés. Un marabout ne meurt jamais de
faim ni de misère; bien plus, sous prétexte
d'obéir à l'esprit divin, il peut se permettre
des choses qui, venant de toute autre personne, seraient sévèrement châtiées. Nous
avons ouï parler de certain marabout qui
s'empara d'une jeune femme et osa, dans la
rue, se livrer sur elle aux dernières privau-
tés. Non seulement la victime toléra cet ou-
trage, mais elle en sembla heureuse et flat-
tée; les commères jeunes et vieilles firent
cercle autour d'elle, enviant sa bonne fortune, la félicitant de l'honneur que lui valaient

____

(1) On donne le nom de *goubba* aux tombeaux des Marabouts. Elles
forment un petit bâtiment carré, surmonté d'un dôme et blanchi à la
chaux vive.

les caresses du saint homme et souhaitant qu'un jour pareille faveur leur fût réservée.

Il ne faut pas croire cependant que les Maghrébins (1) aient des mœurs à ce point dissolues que de tels actes puissent s'accomplir facilement ou trouver des encouragements capables de les rendre habituels. Tout au contraire, les peuples soumis aux lois musulmanes se distinguent par un puritanisme farouche et une extrême pudeur. On ne rencontre la dépravation à l'état de coutume que dans quelques tribus voisines du désert. Assurément nous ne prétendons pas dire que l'Afrique septentrionale soit le temple de la chasteté ; on y est témoin d'infamies qui, chez nous, encourent les justes rigueurs de la loi pénale ; c'est là un de ces contrastes comme en offrent les mœurs de tous les peuples. Ici le contraste frappe davantage à cause du rigorisme dont, en général, les musulmans font profession, et parce qu'on sait que chez eux tout repose sur le sentiment religieux. On connaît aussi la jalousie des Orientaux, les

____

(1) On nomme ainsi les Musulmans de la région occidentale.

représailles sanglantes qu'elle entraîne toujours et qui contribuent puissamment à mettre un frein aux plus impétueuses passions. Ajoutons enfin que les jeunes filles tiennent beaucoup à leur virginité, car la honte et l'ignominie les attendent si elles n'ont pu donner à leur époux ce témoignage de vertu.

Il existe, en effet, certaine coutume triste et brutale, bien propre à jeter l'effroi dans l'esprit de la femme et à la protéger contre les égarements de la raison ou des sens. — Afin que la pureté de la jeune fille qui va devenir femme soit constatée aux yeux de tous, on enferme la fiancée avec son mari, tandis que les parents et les amis se tiennent à l'écart. Aussitôt les chants et la musique se font entendre, les explosions d'armes à feu retentissent jusqu'à ce que la mère de la jeune épouse, appelée par le marié, ressorte en montrant un linge ensanglanté (1). Devant cet indice matériel de

(1) Cette coutume repose sur un préjugé qu'il importe de combattre, car, même en France et chez les autres nations civilisées, on rencontre encore quelques individus qui exigent les preuves sanglantes de la virginité. Lorsque celles-ci leur font défaut, ils s'indi-

virginité, les assistants se livrent à de bruyan-
tes manifestations de joie, on félicite les époux,
on leur adresse les souhaits de circonstance,
et le mari peut se considérer comme le plus
heureux des hommes. Mais si l'épreuve n'a
pas été satisfaisante, il sort de la chambre
nuptiale en accablant sa femme d'injures et
de coups. L'infortunée est accueillie par les
huées de toute l'assistance, personne ne lui
fait grâce, elle est renvoyée avec mépris chez
ses parents, et la voilà flétrie pour toujours.
« On raconte — dit un voyayeur — qu'il se
« trouve parfois des maris très-épris de leur
« fiancée, chose extrêmement rare chez les
« Arabes, qui, pour sauver l'honneur de leur
« femme et espérant qu'un grand amour pu-
« rifiera les fautes passées, la frappent avec

gnent et trop souvent refusent de reconnaître leur tort. De là résultent dans le mariage des malheurs que l'on éviterait facilement avec
un peu de réflexion.

En effet, la physiologie et l'anatomie expliquent comment, en la
circonstance dont il s'agit, il peut y avoir parfois effusion sanguine ;
mais elles en justifient aussi, d'une façon non moins positive, l'absence
complète dans la plupart des cas.

L'homme ne doit donc pas se fier aux fausses apparences du
sang répandu comme preuve de la virginité. — Si les Orientaux
persistent dans cette erreur, cela ne prouve que leur ignorance ou leur
brutalité.

« un yatagan et lui font une légère bles-
« sure. Le linge imbibé de sang est pro-
« mené au milieu de l'assemblée, et tout
« se passe ensuite comme d'habitude. »

Dans les villes, la cérémonie se fait avec
plus de pompe; si les familles que le Cadi
vient d'unir ont de la fortune, des réjouissances accompagnent le mariage qui, pour
les Orientaux, n'a par lui-même qu'une
importance secondaire. En effet, les musulmans ne voient dans la femme qu'une source
de plaisir, un être propre à satisfaire leur
sensualité; quant au reste ils n'y songent
même point. Cela devait infailliblement résulter du régime de la polygamie et du divorce, double plaie qui ronge la société
mahométane, en privant la femme des égards
auxquels elle a droit, tandis que l'époux y
trouve la pleine justification du mépris et des
méchants procédés dont il use envers sa
compagne. Disons aussi que la manière dont
se font les mariages musulmans ne donne
aucun caractère sérieux à ce grand acte de
la vie des hommes.

On sait que les intérieurs maures restent

impénétrables et sacrés, en sorte que les jeunes filles, reléguées dans l'appartement des femmes, ne sont jamais vues même par les amis de leur famille. Les Mauresques sortant peu, et toujours voilées ou dans un équipage hermétiquement fermé, il faut que ceux qui veulent les épouser aient recours à des intermédiaires. Comment donc le fiancé serait-il amoureux de sa future? — Quelque vieille femme lui a fait le portrait de la belle avec un éloge d'autant plus exagéré que la commère se croira davantage intéressée au dénouement de l'affaire. — Si le prétendant se rend aux instances de l'entremetteuse, celle-ci va voir la jeune fille, lui parle du soupirant, exalte sa passion, le montre sous les aspects les plus flatteurs, fait briller sa position de fortune. La famille intervient alors pour agréer ce gendre et l'autoriser à faire présenter une demande officielle par son plus proche parent. On arrête le chiffre de la dot, puis les deux pères se rendent chez le Cadi qui enregistre leurs conventions; cela fait, le Cadi et les déclarants boivent gravement de l'eau sucrée, prient en commun, et le contrat se trouve bâclé.—Ainsi, le futur n'a pas encore vu ni même aperçu sa fiancée, néanmoins il lui arrive parfois de se monter la tête et d'aimer éperduement son inconnue. Il entreprendra les choses les plus difficiles ou les plus périlleuses afin de lui prouver son amour, et il ne négligera rien de ce qui peut lui plaire. Mais quand approche l'heure solennelle où l'épouse lui sera livrée, quand le voile, en tombant, va lui révéler les traits de celle qui est devenue sa femme, quelle anxiété! quelle moment terrible!.... Cette première entrevue conjugale lui réserve-t-elle d'agréables surprises ou de cruels désappointements?—Oh! la ressource du divorce reste tout entière et, peu de jours après le mariage, l'époux ne se fera pas faute d'en user si son désenchantement persiste, ce qui arrive fréquemment.

L'union définitive n'a lieu qu'au coucher du soleil. La mariée, suivie de ses plus intimes amies, des membres de sa famille, hommes et femmes, et des parents de l'époux, se rend dans la maison du mari. Elle est parée de ses plus riches atours, une fleur dessinée au m'ieu du front remplace notre traditionnel bouquet d'oranger, des lignes en zigzag couvrent le dessus de ses mains dont l'intérieur est rougi avec du henné. Deux vieillards la soutiennent au milieu des porteurs de torches et de falots, tandis que les femmes du cortége font entendre le fameux *you! you! you!* (1) cris de joie du Maghreb. La jeune épouse, qui a dû pénétrer chez son fiancé sans toucher le seuil du domicile conjugal (2), est introduite avec ses compagnes dans une chambre splendidement illuminée, les hommes se réunissent dans une autre pièce, et les deux sexes soupent et se réjouissent séparément. Quant au mari, personne ne le voit ; il reste enfermé dans un « cabinet de réflexion » où—dit M. Casimir Henricy—« il prend son repas en tête à « tête avec lui-même, sage précaution qui « garantit sa sobriété et le met à l'abri des « inconvénients d'une digestion laborieuse. » —A minuit, il vient chercher sa femme et les invités se retirent. Seules quelques matrones

(1) Ce cri perçant, appelé *Toulouil,* consiste en un trille aigu qui finit brusquement après avoir duré une ou deux minutes. Il est produit par le gosier que l'on frappe légèrement de la main à coups redoublés.

(2) Les anciens Romains avaient adopté le même usage.

restent au dehors pour ne s'éloigner qu'après avoir reçu des preuves matérielles de la consommation du mariage. Elles portent ensuite aux parents de la jeune épouse ces témoignages de la pureté de leur fille et font entendre des chants d'allégresse.

Chez les Juifs, les cérémonies du mariage durent huit jours. Elles sont remplies de détails tellement absurdes et frivoles qu'on a peine à croire que des hommes doués de raison puissent les exécuter avec la minutie qu'ils y apportent. Quinze jours avant la noce, le fiancé envoie à sa future des souliers brodés, des parfums, du savon, du henné, du koheul et autres ingrédients destinés au maquillage. Une semaine après, la jeune fille se rend au bains avec ses amies et une vieille femme de sa famille. Là, sans dire un mot, sans faire un mouvement, elle doit laisser tout ce monde procéder à sa toilette : on lui frotte la tête avec une sorte de cosmétique noir qui brunit ses cheveux et les rend brillants, on lui peint les cils et l'intérieur des paupières avec du koheul et de l'antimoine, on teint ses ongles avec du henné, et on lui fait avaler en plus grand nombre des boulettes de mie de pain pétrie avec de la graine d'*el-houba*.

On attend ainsi le samedi, jour fixé pour la réception du soupirant et de ses amis qui viennent *chercher la poule*. En effet, il est d'usage que la fiancée fasse cuire une poule et la cache dans un endroit secret de la maison paternelle. Le futur et ses compagnons se répandent par tout le logis, furetant jusque dans les moindres coins, ne laissant rien en place et mettant un zèle prodigieux à rechercher la mystérieuse cachette. Celui qui la trouve doit infailliblement se marier dans le courant de l'année ; aussi toute cette folle jeunesse ne laisse-t-elle ni trève ni merci aux hôtes de la maison tant que la poule n'a pas été découverte.

Le dimanche et le lundi suivants sont consacrés aux préparatifs de la cérémonie : on dispose les toilettes de la mariée, on fait les invitations, mais la jeune fille ne s'occupe de rien. Pendant le temps des fêtes, elle doit se montrer indifférente à tout, se mouvoir automatiquement, sans prendre part à quoi que ce soit. Il ne lui est même pas loisible de s'habiller seule, il faut qu'elle se laisse parer par les femmes de son entourage et qu'elle s'abandonne à leurs caprices.

Le mardi soir, veille du grand jour, la promise coiffée d'une cuffia est juchée dans un fauteuil assez élevé au-dessus du sol, on la revêt de ses plus magnifiques atours, on la voile, on lui met de nouveau du henné aux mains et aux pieds. Entourée de ses parentes et de ses amies plus richement vêtues les unes que les autres, elle reçoit la visite du futur et de sa famille qui sont admis à la contempler. Cela dure plusieurs heures pendant lesquelles la fiancée ne doit ni parler ni remuer, les assistants écoutent avec déférence l'éloge des grâces, des charmes et de la beauté de l'épouse. Une de ses parentes les plus âgées soulève le voile qui l'entoure et s'extasie sur la perfection des doigts, du bras, de la main, du front, du nez, des yeux, de la bouche, puis elle ajoute : « Eh bien ! tout cela n'est rien en « comparaison de sa voix, de sa sagesse et de « ses talents!... » Alors commence une nouvelle description des vertus et des qualités morales qui peuvent exister dans cet amas in-

forme qu'on appelle la femme juive et que
M. Léon Michel (1) a parfaitement dépeinte
en disant : « La fiancée avait été amenée au
« point d'engraissement convenable : ses
« jambes étaient de bons gros poteaux, ses
« hanches des renflements à défier les plus
« amples crinolines, ses bras des cylindres
« presque aussi volumineux que ses cuisses,
« et sa poitrine des globes énormes......
« Des anneaux sans nombre faisaient nau-
« frage dans la graisse de ses doigts noués
« aux phalanges. »—Après l'éloge de la jeune
femme, on la descend de son siége et le voile
tombe complètement. C'est alors que son
époux l'embrasse en lui mettant une pièce
d'or dans la main ; les parents des deux familles s'approchent à leur tour et appliquent des
pièces de monnaie sur le front, les joues, le
nez, le menton de la mariée qui, suivant les
règles du cérémonial, doit rester immobile.

Le mercredi est le jour de la consécration
religieuse. Le mari se fait raser la tête, puis
il se plonge sept fois dans l'eau froide pour

____

(1) Tunis. *l'Orient africain.*

obéir aux traditions rabbiniques. Il se rend ensuite chez sa fiancée avec ses parents, ses amis et deux rabbins. Les époux sont placés l'un à côté de l'autre, on les couvre d'une sorte de poêle, et l'un des rabbins, tenant un verre rempli de vin, récite la formule sacramentelle : « Béni soit le nom du Dieu Tout-« Puissant qui a créé le fruit de la vigne ! « Béni soit le nom du Dieu Tout-Puissant qui « a créé l'homme dès le commencement et « qui, voyant qu'il était bon de lui donner « une compagne, nous a engagés à nous unir « à une femme de notre nation ! » — Après cette invocation, le rabbin goûte le vin et présente le verre à l'époux qui boit une gorgée, puis le passe à sa femme, et enfin aux parents des mariés ; les autres assistants se pressent, se bousculent pour y plonger les lèvres, mais tous n'y parviennent pas, car, à un moment donné, le verre doit être jeté contre la muraille. Au même instant on prononce les paroles sacrées : « Si je « t'oublie, ô Jérusalem, que ma droite s'oublie « elle-même ! » Le mari passe alors au doigt de sa fiancée un anneau d'or, en lui disant : « Tu es « ma femme selon la loi de Moïse et d'Israël. »

C'est le moment le plus critique pour l'époux, attendu que la formalité de l'anneau décide seule du mariage; or, si la femme aime un autre homme, elle a pu s'entendre avec cet amant et le faire assister à la noce. Il arrive parfois que celui-ci, profitant de l'émoi causé par le bruit du verre qui se brise, aborde la jeune femme avant que le mari n'en ait eu le temps et lui passe au doigt un anneau d'or dont il a eu la précaution de se munir. Les deux amoureux se trouvent irrévocablement unis par ce seul fait, et il ne reste plus au prétendant évincé qu'à s'enfuir pour cacher sa honte.

Lorsqu'il ne survient aucun accident de ce genre, la musique se fait entendre, un grand repas est servi aux parents et aux amis des deux familles; tous les invités y assistent, à l'exception du mari qui rentre seul chez lui.

Vers 9 ou 10 heures du soir, les parents les plus âgés du mari viennent prendre la jeune femme pour la conduire au domicile conjugal. Ils la soutiennent par dessous les bras, et la dirigent, entre une double haie de chanteurs et d'amis qui portent des torches ou des flam beaux en marchant à reculons devant la mariée. Celle-ci, pour montrer le regret qu'elle éprouve de quitter sa famille, semble résister, faisant trois pas en avant et deux en arrière. Plus le trajet s'effectue lentement, plus on chante les louanges de l'épouse, sa sagesse et sa pudeur. Au moment où elle franchit l'huis de sa nouvelle demeure, le mari cherche à lui marcher sur le pied ; alors seulement elle sort de son état de prostration, elle évite cette singulière agacerie et tâche elle-même de marcher sur le pied de son époux. Ne croyez pas que cette partie de la cérémonie soit un amusement burlesque ou un accessoire imaginé par quelque farceur ; comme tout le reste, cela s'accomplit avec beaucoup de sérieux (1).

Huit jours après le mariage, — dit M. Henry Dunant (2) — les nouveaux époux offrent un

(1) Il est vraisemblable que chez les Juifs, de même que chez les Maures, la mariée ne doit pas toucher le seuil du domicile conjugal. — On a pu, d'ailleurs, remarquer qu'il existe d'autres points de similitude dans les usages matrimoniaux de ces deux peuples, notamment en ce qui concerne le repas de noces auquel l'époux ne paraît pas.

(2) *Notice sur la Régence de Tunis.*

repas à leurs amis. On s'y livre encore aux pratiques les plus ridicules : ainsi « on apporte « un poisson cru dans la bouche duquel on « introduit un clou ou un morceau de fer. « On donne un bon couteau à l'épouse et un « mauvais à l'époux; la première doit couper « la queue du poisson, et le second la tête. « L'épouse réussit facilement dans son opé- « tion et se sauve lestement avec ses amies, « en se moquant de son mari qui, entravé « par le morceau de fer et par le mauvais « couteau, ne réussit que longtemps après à « couper la tête du poisson. »

Explique qui voudra ces drôleries que, dans toutes les noces juives à Tunis, on observe comme une sorte de rite, et dont on cherche-rait en vain la relation avec les principes re-ligieux et philosophiques de la Loi ou du Tal-mud. Nous nous bornons à les relater en dé-plorant le non sens de telles coutumes, et en nous demandant s'il ne faut pas y voir l'un des signes de cet aveuglement qui, d'après les Saintes Écritures, frappera le peuple d'Israël.

Les manières de saluer varient suivant les races : toutes sont graves en même temps que très-courtoises, elles reflètent parfaitement les diversités de caractère dont nous avons parlé. Deux Maures qui se rencontrent mettent la main sur le cœur, en s'inclinant avec cette urbanité cérémonieuse de gens compassés jusque dans les moindres actes de leur vie. —Les Arabes, quand ils se portent beaucoup d'affection, s'embrassent sur la figure. S'ils ne sont pas intimes, ils se touchent légèrement la main et chacun porte ensuite l'index à sa bouche. Pour marquer leur respect vis-à-vis d'un supérieur, ils lui baisent la main ou le bord de son vêtement: si le personnage est à la tête d'un cortége, ils s'inclinent en croisant les mains sur la poitrine, singulier mélange d'obséquiosité et de flatterie qui pourrait paraître inconciliable avec la fierté de l'Arabe, mais dont sa dignité ne souffre pourtant point. C'est en toute liberté qu'il fait acte de déférence et jamais par esprit servile ou bas. — Les Juifs s'embrassent gravement sur l'omoplate, et là, comme en tant d'autres circonstances, ils se montrent tels que Byron les a définis : « des hommes au « cœur faible et peureux. »—Quant aux femmes, les musulmanes, aussi bien que les juives, ont adopté un même usage : elles vous serrent la main, puis se baisent les doigts.

Ce qui distingue particulièrement les formules de politesse employées par les indigènes, c'est le caractère religieux dont elles sont empreintes. En voici quelques-unes :

—Que ton matin soit heureux! (Bonjour.)

— Que ton soir soit heureux! (Bonsoir.)

— Le salut soit sur toi!

— Dieu soit avec vous!

Ou bien encore :

— Dieu t'accorde sa miséricorde!

Et pour prendre congé :

— Je vous souhaite la santé.

— La paix soit avec vous!

Les Musulmans ne restent jamais silencieux l'un en face de l'autre, et quand ils n'ont plus rien à se dire, on les entend se demander réciproquement des nouvelles de leur santé. Alors, dit M. Henry Dunant, ils se répètent à plusieurs reprises :

— Comment es-tu?

— Comment te portes-tu ?

Ni l'un ni l'autre ne répond, mais chacun cherche un sujet de conversation, et quand ce dernier est à son tour épuisé, on revient subitement aux nouvelles de la santé.

Les visites entre amis sont donc assez maussades ; elles ne suffiraient certainement pas à faire les délices de ces hommes curieux et bavards, si la boutique du barbier ne leur offrait un lieu de rendez-vous où ils peuvent se livrer aux jouissances de l'anecdote et des cancans.

Figurez-vous un réduit quelconque qui n'a d'autre décoration que les arabesques du plafond. Autour de la salle quelques banquettes ou des nattes pour les pratiques qui attendent leur tour en causant et en fumant. Sur les murs des étagères où reposent les instruments de l'artiste, le classique plat à barbe, des boites à cosmétique, des savons, des parfums, puis des rangées de bandes de cuir servant à repasser les rasoirs ; une énorme bouilloire en cuivre pleine d'eau chaude est suspendue au plafond. Enfin, au milieu de l'échoppe on aperçoit le fauteuil où s'assied le

client pendant l'opération. Dès qu'une pratique est entrée, le barbier l'accable d'amabili-
tés et lui répète à satiété les compliments les
plus expressifs du formulaire oriental (1). Ce
n'est qu'après une suite interminable de compliments qu'il enlève le turban de son client,
lui noue une serviette autour du cou, et lui
répand à pleines mains du savon sur la tête.
Avec une surprenante dextérité il rase tout le
crâne, ne respectant que la touffe de cheveux
laissée au sommet de l'occiput et que les Européens désignent sous le nom de *Mahomet*.
Cet appendice est lui-même l'objet de soins
particuliers, on le peigne, on le nettoie, on le
parfume, on le bichonne de cent manières.
Le barbier recoiffe ensuite sa pratique et ra-
juste les plis du turban avec la même sollici-

(1) Voici, par exemple, quelques phrases de ce dialogue :

A. — Famille et aisance! (pour soyez le bienvenu !)

B. — Que Dieu laisse son ombre sur toi?

A. — Comment est votre état normal ? — B. — Que Dieu soit toujours avec vous!

A. — Sa bénédiction nous visite par vous! — B. — Que ton jour
soit comme du lait!

A. — Que le salut soit sur vous? — B. — Que ton jour soit béni!

A. — Que Dieu vous chérisse ! — B. — Que Dieu te donne sa paix!

A. — Que votre jour soit heureux ! — B. — Que le salut, la miséricorde et les bénédictions de Dieu te soient accordées, etc.

tude qui préside chez les *pommadins* français à la frisure d'un *gommeux* ou à la confection d'une irréprochable raie du front à la nuque. — Voilà le barbier maure devenu *coiffeur*, mais jamais il ne se transformera en *merlan*, car il reste BARBIER de vocation, d'état, de titre, et comme il ne croit pas qu'il soit honteux de conserver le nom de son métier, il ne subit aucun des sobriquets que le bon sens public inflige à certains de nos industriels trop enclins à se parer de qualifications pompeuses.

Après les soins de la tête, on passe à la barbe; ici le rasoir n'a pas à intervenir, sauf sur quelques rares parties de la figure. L'artiste taille les poils en coupe arrondie ou allongée, courte ou pointue, selon la nationalité du client, ensuite il épile, à l'aide d'une petite pince, les joues, les narines, les oreilles du patient qui conserve son impassibilité habituelle et ne donne pas le moindre signe d'impatience. On comprend qu'une toilette aussi minutieuse ne se fasse pas en quelques minutes, mais les pratiques, loin de se plaindre d'une trop longue attente, en sont fort heureuses parce qu'elles peuvent causer davantage et se délecter plus longtemps aux récits des nouvelles dont le Figaro indigène tient boutique à l'instar de ses confrères européens.

Il ne faut pas confondre le barbier citadin avec le *frater* exerçant dans les campagnes. Celui-ci est un abominable praticien qui se sert d'un simple couteau en guise de rasoir. Si seulement il avait un peu d'adresse, il pourrait peut-être remédier aux perfidies du méchant outil, mais, malgré la peine infinie qu'il se donne, il ne parvient qu'à couvrir d'entailles et de balafres la tête confiée à ses redoutables mains. Heureusement pour ce barbier de bas étage, la résignation est une des vertus théologales de la foi musulmane, et ses pratiques savent demeurer patientes même sous son terrible couteau.

Le bain, le café, la danse des almées sont les seuls plaisirs que possèdent les habitants des villes. Nous leur devons une description spéciale.

Pour les Orientaux le bain est le lieu de délices par excellence, ils y trouvent un adorable passe-temps et des sensations qui font rêver au paradis dont ils croient jouir par anticipation. Disons en passant que les Européens, après avoir fait l'expérience des bains maures y retournent très-volontiers, car, s'ils ne partagent pas absolument l'enthousiasme des Mahométans pour ces violents exercices, ils en apprécient cependant les effets salutaires.

On entre dans le patio (1) orné d'une fontaine en marbre et longé par une galerie pourvue de lits et de divans. Aussitôt se présente le Mozabite (2) chargé de l'emploi de baigneur. Il vous déshabille, vous chausse de sandales en bois, vous enveloppe de linges blancs, et jusqu'à la fin du bain vous lui appartenez sans pouvoir vous soustraire à son rude office. Avant d'arriver à l'étuve, on traverse deux pièces où la température de plus en plus chaude vous prépare à l'impression de

(1) C'est ainsi que l'on nomme les cours intérieures des habitations mauresques.

(2) Originaires d'une tribu habitant l'oasis de Ouad-Mzab, au sud de la Régence, les Mozabites ont une grande réputation de probité. Ils émigrent vers le littoral où ils se font propriétaires et garçons de bains. A défaut de cette spécialité qui leur est acquise non seulement à Tunis, mais encore en Algérie, ils exercent toutes sortes de professions et se montrent fort industrieux.

la vapeur brûlante (1). Le Mozabite vous mène ensuite à la salle de bain, dallée en marbre et entourée de fontaines qui fournissent de l'eau à la température de l'étuve. Il y règne un brouillard si épais et le sol est si glissant qu'on ne saurait faire un pas sans l'aide du baigneur.

Celui-ci, après avoir dépouillé le client de tous les linges dont il est couvert, le conduit à une plate-forme occupant le milieu de la salle, et sous laquelle un foyer toujours entretenu dégage cette chaleur accablante qui, en un instant, vous couvre de sueur. On s'étend sur la plate-forme, et il faut y rester malgré plaintes et grimaces jusqu'à ce que le baigneur vous trouve en disposition convenable pour être manipulé à sa guise. Quand ce moment est venu, il porte son homme sous une des fontaines disposées le long des murs, le couche sur les dalles, lui frictionne la plante des pieds avec une pierre ponce, lui pétrit tous les membres, le tiraille en tous sens, fait craquer ses articulations, le presse, le frappe,

---

1) A Tunis, on emploie l'eau salée pour les bains de vapeur; ce qui les rend excellents au point de vue hygiénique.

le roule et le soumet à un traitement qui ne serait point supportable si le corps n'avait été préparé à ces violences par l'action de la vapeur et une abondante transpiration. Cela fait, on apporte au patient une pipe et du café qu'il savoure pendant les quelques instants de répit qui précèdent la dernière partie du bain.

Bientôt après, le Mozabite revient armé de gants en poil de chameau: avec cette rugueuse étrille il vous gratte, vous râcle, vous rabotte sans pitié ni ménagement, et il continue de frotter d'un bras vigoureux tant que l'épiderme porte la moindre trace de malpropreté. Il vous savonne ensuite des pieds à la tête, fait couler des flots d'eau chaude sur vos membres endoloris et vous masse à pleines mains. Enfin, il lotionne sa victime avec un liniment à base de vinaigre et composé de diverses substances qui diffèrent selon le mal que l'on veut guérir ou prévenir. Ainsi, le liniment préparé avec des feuilles de violettes et de roses donne de la fraîcheur; si l'on veut obtenir de la chaleur, on a recours à la camomille et aux plantes aromatiques. Pour combattre la lassitude, la faiblesse, ou de trop fortes exsudations, on use de la myrte, du bois de sandal et de la noix de galle. Celui que l'on emploie le plus habituellement après les bains ordinaires contient un mélange de guimauve, de henné et de feuilles de lotus pilées ensemble.

Le client est ramené sur la plate-forme afin de se sécher complètement, puis on l'enveloppe de linges ou de flanelle, et on le reconduit au patio en lui faisant traverser des salles dont la température est progressivement décroissante. Là, il s'habille, se couche et peut attendre dans une douce somnolence l'heure à laquelle les hommes doivent se retirer (1). — Nul habitué n'y manque, car c'est l'instant où l'on éprouve les voluptueuses jouissances du bain oriental : les membres se détendent, le sang se calme, un bien-être indicible envahit le corps, et l'on s'abandonne irrésistiblement au plus délicieux repos.

Les femmes aiment le bain encore plus que

(1) Les bienséances musulmanes ne tolérant pas, pour le bain, la réunion des deux sexes sous le même toit, les hommes s'y rendent de 8 heures du soir au lendemain à midi, et les femmes de 1 heure à 7 heures du soir.

les hommes ; elles se soumettent bravement
aux rudes épreuves que nous venons de décrire, seulement les baigneurs Mozabites sont
remplacés par de robustes négresses, très-
expertes et toujours disposées à satisfaire les
fantaisies de leurs jolies clientes. C'est au
bain que, débarrassées de la tyrannique
surveillance du harem, les femmes se dédom-
magent de la réclusion qui leur est imposée.
Ici, point de contrainte mais la liberté, ce
rêve de toute leur existence, et mille attraits
qui en font une véritable fête. Sous prétexte
d'hygiène et d'obéissance au Koran, elles
peuvent ainsi narguer impunément le despotisme jaloux de leurs époux. Elles s'en donnent à cœur joie, bien persuadées que personne n'oserait les empêcher de se rendre au
bain, puisque c'est un devoir religieux. Elles
causent, rient, écoutent les nouvelles du jour,
étalent leurs toilettes, combinent des mariages, se complaisent à une foule de caqueta-
ges qui, de tout temps et dans tous les pays,
ont été la suprême récréation féminine. Malheureusement, c'est là aussi que de dange-
reuses commères, habiles à exploiter l'inex-

périence ou les penchants coupables de la
jeunesse, exercent le plus triste des métiers.
Sous leurs auspices se nouent des intrigues
où la fidélité conjugale succombe d'autant
plus facilement que l'ennui dévore les femmes d'Orient. Elles savent pourtant que, si
leur mari vient à les surprendre, elles paieront de la vie le moment de faiblesse qui va les
livrer à un amant; il y a lutte entre la chasteté
de ces femmes élevées dans une morale sévère
et les propositions coupables qu'elles entendent. Leur vertu s'effarouche, elles résistent,
elle refusent, mais le désœuvrement, la coquetterie, parfois même un désir de vengeance,
et surtout les perfides insinuations de l'entremetteuse finissent trop souvent par avoir
raison de leurs derniers scrupules. Voilà qui
prouve combien est vaine et dangereuse
l'excessive rigidité des lois conjugales en
Orient. Elle se retourne contre le mari lui-
même, et ne parvient pas toujours à préserver
sa couche des souillures de l'adultère.

Ce qu'on appelle un café maure ne ressemble nullement à nos cafés d'Europe. Point de
luxe, point de fastueuse décoration, ni glaces,

ni peintures, ni or, ni lumières, ni divans, ni chaises, ni tables, ni étalage d'approvisionnements. Le café maure occupe une salle blanchie à la chaux. Des banquettes circulaires assez élevées du sol, ou des nattes sur lesquelles on s'accroupit, les jambes croisées, forment le seul ameublement de ces lieux de réunion. Au fond de la pièce, où le jour ne pénètre ordinairement que par la porte d'entrée, existe un fourneau garni de petites bouilloires; près du fourneau quelques étagères supportant des tasses, des pipes, les boîtes de café et de cassonnade, enfin un baquet rempli d'eau pour les besoins du service. On n'y débite que du café (1), et le *Quahouadji* (maître de l'établissement) ne prépare ce breuvage qu'au moment où le client se présente. Après l'interminable chapelet de compliments à perte de vue sans lesquels deux Musulmans ne peuvent se saluer, le cafetier jette une pincée de moka dans l'une des bouilloires. Dès que le liquide est suffisamment

____

(1) Cependant certains cafetiers maures et juifs de Tunis servent aussi de l'orgeat et de l'anisette.

coloré, il le verse avec son marc dans une sorte de coquetier renfermé lui-même dans un vase plus grand, moyen assez ingénieux pour remplacer l'anse dont les tasses sont dépourvues et empêcher le consommateur de se brûler les doigts. En même temps que le café, on vous sert la pipe bourrée et allumée. Si vous avez apporté votre propre tabagie, le quahouadji vous offre un charbon ardent.

Rien n'est curieux comme de voir les placides orientaux déguster leur café : ils le hument à petits coups jusqu'à la dernière goutte, ils le savourent avec recueillement et se désaltèrent ensuite en avalant une gorgée d'eau fraîche. Ces libations se renouvellent douze ou quinze fois par jour; elles sont d'ailleurs peu dispendieuses : la tasse de café ne coûte qu'un sou, et l'on paie un sou de plus pour la pipe bourrée. Quant au verre d'eau, il s'offre gratis.

Chez nous, les cafés et les estaminets sont quelquefois des endroits inabordables où l'on risque de coudoyer des gens grossiers et des ivrognes. Dans les cafés maures, si modestes qu'ils soient, tout se passe selon les plus rigoureuses convenances. On rit, on cause, on fume (1), on se dit les nouvelles, on joue aux échecs, on se distrait de cent manières, mais toujours avec bienséance, et jamais la gaîté ne dégénère en trivialités. Il est vrai que les Musulmans n'ont pas l'amour désordonné du vin et des liqueurs alcooliques, ce fléau des populations européennes. Le quahouadji du café tunisien à l'Exposition universelle de 1867 débitait de la bière, du vermouth et d'autres boissons proscrites par le Koran ; nous aimons à croire que cet industriel cherchait à allécher la clientèle des *giaours* (2), et nous souhaitons que la civilisation ne substitue pas

(1) Les Maures ont l'habitude de fumer, tandis que les Arabes ne font guère usage de tabac ; mais ces derniers s'enivrent avec des feuilles de *hachich*, espèce de chanvre narcotique qu'ils fument dans de toutes petites pipes. Ils le mangent aussi soit avec de la gelée, soit avec des fruits. Le hachich, si peu qu'on en ait pris, produit immédiatement un sommeil qui dure de vingt à trente heures pendant lesquelles, isolé du monde réel, on est en proie aux songes les plus fantastiques, aux hallucinations les plus étranges. — Quand on en a goûté une fois, on y retourne fatalement, et presque toujours il devient impossible de se soustraire à cette funeste habitude. On est alors un homme perdu, car les consommateurs de hachich finissent, comme les fumeurs d'opium, par s'abrutir complètement : insensibles à tout, ils n'ont plus d'autre préoccupation que de satisfaire leur malheureuse passion.

(2) *Giaour* (partisan du veau) est une allusion aux adorateurs du veau d'or. Les sectateurs de l'Islam donnent ce nom par mépris à ceux qui ne partagent pas leur foi.

nos goûts pernicieux à la prédilection des disciples de Mohammed pour l'onde pure, le café et le lében.

Souvent une troupe de cinq ou six musiciens ambulants vient animer la scène des cafés maures. Les uns jouent du *rebeb* ou *rbab*, sorte de violon ou de mandoline à deux cordes qu'ils font vibrer en les grattant avec une plume ou un roseau, d'autres soufflent dans un *tabalet-el-bacha,* espèce de hautbois au son plaintif dont les notes filées ne manquent pas de charme. D'autres enfin chantent des mélopées bizarres avec accompagnement de *tboul* ou tambour de basque. L'orchestre est complété par le *derbouka* qui ressemble assez à nos timbales; cet instrument consiste en une demi-sphère de métal ou de poterie recouverte d'une peau d'onagre sur laquelle on frappe à l'aide d'un bâton recourbé. Quelquefois, cette musique sauvage est agrémentée du bruit de castagnettes en fer que des nègres agitent avec force en dansant et en chantant.

Quand un barde populaire s'est joint aux musiciens, il fait la joie des dilettanti indigènes que rien ne réjouit comme les récits de

ces narrateurs nomades qui célèbrent des
événements chers au souvenir des assistants.
L'improvisateur excelle à remuer la fibre de
l'auditoire, il se passionne, s'identifie avec
son discours, montre parfois une véritable élo-
quence et captive l'assemblée par le jeu de
sa physionomie, ses poses, l'expression des
yeux et sa mimique tour à tour triste ou sen-
timentale, gaie ou véhémente selon les phases
diverses de l'épopée dont il développe les
péripéties. Ajoutons que ces déclamateurs
n'ont pas seulement le talent de comédiens
exercés, ils sont riches en imagination et possèdent surtout certain esprit poétique qui les
sert à merveille. Leurs chansons ou leurs
contes sont pleins de grâce, parsemés d'ingé-
nieuses métaphores et empreints d'une passion extrêmement communicative. « J'ai vu,
« —dit le major Denham,—un cercle d'Ara-
« bes immobiles d'attention faire tout-à-coup
« entendre un bruyant éclat de rire, puis
« fondre en larmes et se tordre les mains avec
« toute l'expression de la douleur la plus vive
« et la plus sympathique. » — M. Casimir
Henricy prétend que ce talent oratoire des

conteurs populaires semble spécial à telles ou telles tribus, et il cite les Fezzanais comme possédant au plus haut degré le don d'improviser et d'émouvoir par leurs récits vraiment merveilleux. Nous croyons que cet instinct se retrouve un peu partout chez les habitants du Maghreb. Ainsi, rien n'est plus charmant que d'entendre deux jeunes Arabes *chanter la fantasia.* Ils cheminent l'un à côté de l'autre, la main dans la main, et modulent, sous forme de récitatif alternant, quelque improvisation où sont exaltées la beauté d'une jeune fille, les émotions de la guerre, les joies de la fête prochaine. L'un d'eux chante une phrase sur le motif donné, l'autre reprend, et cet échange de répliques dure des heures entières.

La danse des almées est une des distractions qui plaisent le plus aux habitants de Tunis, mais elle est aussi la moins innocente. On y remarque ce même contraste que nous avons déjà signalé quand nous parlions précédemment de l'extrême pudeur des Mahométans et du rigorisme de leurs mœurs. Comment, en effet, peuvent-ils se complaire à la vue d'indécences qui feraient rougir l'Européen le moins pudibond? Sans pouvoir expliquer une aussi singulière anomalie, nous devons cependant dire quelques mots de cette fête orientale.

L'assistance, accroupie sur des nattes, fait cercle autour de la salle où s'installe l'orchestre dont nous avons donné la description. Les almées se tiennent au fond de la pièce, vêtues de riches costumes et la gorge à peine retenue par leur Farmela. Après une ouverture, véritable chef-d'œuvre de charivari, les femmes et les hommes chantent alternativement sur un rhythme doux et passionné (1). Enfin, les

(1) Voici la traduction d'une chanson que nous avons entendue dans des réunions de ce genre :

De ma Soleïma l'ombre
M'a visité cette nuit.
Tout dormait dans la nuit sombre,
On n'entendait aucun bruit.
Mais une flamme étincelante,
 Lueur brillante.....
  Doux souvenir
Qui charme ma tristesse
 Reviens sans cesse,
Tous mes maux vont finir.

Vives comme des gazelles,
Les femmes de ma tribu,
Je les vois! Hélas loin d'elles
Pour moi tout est perdu,
Mais là bas c'est une ombre errante

danseuses retirent leurs babouches et préludent par des mouvements significatifs à la pantomime amoureuse qui va ravir les spectateurs. Ce sont d'abord de petites saccades imprimées à la partie inférieure du torse, puis des piétinements sur place, avec des poses lubriques, des attitudes lascives et des regards cyniques. On passe ensuite à d'autres exercices que les almées exécutent seules ou plusieurs ensemble, accroupies ou sur les genoux et les mains. Elles enroulent des écharpes de soie autour de leurs bras et de leurs reins, se balancent voluptueusement, se tordent, se

> Près de la tente.....
> Soleïma,
> Objet de ma tendresse.
> Pense sans cesse
> A celui qui t'aima !
>
> Que cette nuit était belle
> Où je vis Soleïma
> A sa foi toujours fidèle.
> O nuit du Tihamah !
> Mais ce bonheur était un songe.
> Triste mensonge....
> Rêve menteur
> Qui charme ma tristesse
> Reviens sans cesse.
> Reviens songe enchanteur

Ces paroles se chantaient sur le motif suivant :

trémoussent dans une sorte de spasme éro-
tique et terminent par une danse de plus en

Andante

plus vertigineuse jusqu'au moment où elles roulent sur le sol, haletantes et épuisées. — Chacun alors apporte son offrande et exprime sa satisfaction en collant une pièce de monnaie sur la figure, le bras ou le cou de la danseuse qu'il préfère.

Pour les Arabes, la *Fantasia* est le plaisir par excellence; ils aiment aussi les courses de chevaux, le jeu de bagues, la lutte, mais rien n'égale à leurs yeux l'attrait de la fantasia, symbole de la guerre. *Faire parler la poudre,* voilà leur bonheur suprême, l'agrément obligé de toute réjouissance publique. Quand on organise une fantasia, des cavaliers nombreux arrivent de fort loin au lieu indiqué. Ils viennent armés de fusils et de pistolets; chaque tribu se fait précéder de ses étendards. Les jouteurs impatients se divisent en groupes qui s'élancent, bride abattue, les uns contre les autres. La mousqueterie éclate de toutes parts, l'air retentit des cris d'enthousiasme de ces hommes qui se mêlent, se croisent, se confondent et disparaissent au milieu d'un nuage de fumée et de poussière. Bientôt on les revoit brandissant leurs armes, se poursuivant, s'attaquant, puis faire feu, jeter leur fusil en l'air et le ressaisir à la course avec une adresse prodigieuse. Si, par mégarde ou pour faire montre d'une habileté plus grande encore, le cavalier a laissé tomber son arme, il se retourne brusquement, se couche sur la selle de sa monture toujours au galop, ramasse son fusil, recharge, tire et prend plaisir à renouveler ce véritable tour de force. —Jamais aucun spectacle ne nous a plus émerveillé que celui de la fantasia. En admirant avec quelle prestesse hommes et chevaux exécutent les évolutions les plus surprenantes de l'art équestre, notre pensée se reportait vers ces fameux tournois où jadis notre ancienne chevalerie se couvrait d'honneurs et de réputation.

III

RELIGION. — ANNÉE MUSULMANE
LITTÉRATURE

Le Koran est pour les Musulmans de Tunis, comme pour tous les sectateurs de l'Islam, le livre par excellence. Il renferme non-seulement la loi religieuse, mais encore des préceptes moraux, civils et politiques, ainsi que des règles et des conseils touchant les choses les plus habituelles de la vie (1), un code qui

---

(1) Il défend notamment l'usage des boissons fermentées, du sang quand il n'adhère plus à la viande, de la chair de porc, des animaux morts naturellement, et de tout ce qui a été tué sous une autre invocation que celle d'Allah.

Chacun a ouï parler de l'incident qui signala, dit-on, la visite du Shah de Perse à Notre-Dame de Paris en 1873 : On montrait au souverain musulman les merveilles d'orfévrerie et le trésor de la vieille

sert de base fondamentale à la législation des pays mahométans, des récits, des traditions, des promesses et des menaces relatives à l'éternité, enfin la confirmation de ce qui était avant lui.

Le Koran se donne comme la parole de Dieu révélée au prophète Mohammed et transmise par lui au peuple arabe. Il proclame que « la religion venant de Dieu est l'Islam, » il consacre l'idée de la Divinité dans toutes les actions et dans toutes les circonstances de la vie.—Les Musulmans ont un tel respect pour le Koran qu'aucun ouvrier indigène ne consentirait à en graver un verset sur n'importe quel objet de curiosité ou de fantaisie. Leur soumission à toutes les règles contenues dans le livre sacré se conserve immuable à travers

basilique lorsque son attention s'étant portée sur les burettes, il fit demander par le Dⁱ Tholozan, un Français attaché depuis longtemps à la cour du Roi des Rois, si Jésus-Christ avait permis l'usage du vin ?

— Oui, Sire, — dit l'archiprêtre, — et il en a bu lui-même.

— Toujours ? Toute sa vie ? répliqua le Shah, en français.

— Oui, sire ; mais s'il en a permis l'usage, il en a défendu l'abus. Le Shah sourit.

— C'est Mahomet qui a interdit l'usage du vin... dit à haute voix l'un des Chanoines. — ..... Mohammed... Monsieur, répliqua poliment le Shah en rectifiant le nom du Prophète.

les siècles et les générations qui se succèdent : aujourd'hui, comme au temps du Prophète, le fidèle croyant, quand il cite un verset du Koran, n'ajoute jamais : « Mohammed l'a dit... », mais « Dieu le Très-Haut l'a dit. » Ce n'est point par une vaine habitude que les Islamites prononcent à chaque instant le nom de l'Eternel ; ils le font avec la foi la plus profonde. Dans les circonstances solennelles, de même que pour les choses les moins importantes, ils ne procèdent qu'après avoir invoqué Allah. Parlent-ils d'avenir ou de projets, ils n'ont garde d'oublier le 23e verset de la sourate *La Caverne :* « Ne dis jamais : je ferai « telle chose demain, sans ajouter : si c'est la « volonté de Dieu. (*In châ Allah*). »

Tous les actes officiels ou particuliers, la correspondance, les livres, les contrats et généralement toute pièce écrite commencent par les mots : « Louange à Dieu! » — ou bien : « Au nom du Dieu clément et miséricor- « dieux! »

Nos lecteurs ont pu remarquer déjà deux doxologies de ce genre qui précèdent le texte du *Pacte fondamental* et la formule du serment prêté par le Bey lorsqu'il monta sur le trône. M. Henry Dunant (1) cite deux autres specimens fort beaux de ces invocations à la Providence : « Le pauvre vis-à-vis de son Dieu « bienfaisant et généreux, Mohammed-ben- « Hussein-Beïrem (2), (que Dieu lui soit pro- « pice, lui permette de reconnaître lui-même « ses propres défauts et le guide dans le droit « sentier!) s'exprime ainsi : Qu'il soit glorifié « Celui qui a fait surgir les sources de la sa- « gesse de l'intelligence de l'homme et qui a « fait découler du fleuve de sa science les « divers cours d'eau des beaux-arts! — Nous « Le louons! Que Sa gloire et son omnipo- « tence soient toujours exaltés! parce qu'Il a « daigné nous accorder la faculté de com- « prendre le langage des hommes versés dans « la science......., etc., etc..... »

« De la part du pauvre envers son Dieu et « son Auteur, l'espérant en la miséricorde de « son Maître, le misérable d'esprit divin, le « coupable de ses fautes, l'aveugle de la lu-

(1) *Notice sur la Régence de Tunis.*
(2) Savant tunisien qui vivait au milieu du XVIIIe siècle.

« mière divine, Abd-el-Ouahed-ben-Achir-el-
« Andloussi (1)—Que Dieu le place parmi les
« cœurs qui L'ont suivi fidèlement et auxquels
« Il accorda la grâce de pouvoir comprendre
« la vérité et de L'adorer avec joie et avec
« crainte! — Ainsi soit-il!

Ce retour continuel vers Dieu indique une absolue soumission aux volontés du Tout-Puissant, en même temps qu'une confiance entière dans sa bonté. Les Musulmans croient fermement que sans la grâce divine nul bonheur n'est possible ici-bas; c'est pourquoi lorsque deux personnes se rencontrent, elles échangent force souhaits où le nom d'Allah est sans cesse répété. De telles effusions peuvent paraître ridicules au scepticisme européen, cependant elles ont quelque chose de pénétré, de touchant, de sincère qui commande le respect et défie la raillerie.

Le cadre de cet ouvrage ne nous permet pas d'exposer en détails les 114 chapitres ou sourates du Koran, et encore moins d'en faire

____

(1) Ecrivain tunisien contemporain de l'année 1191 de l'hégire (1778.)

un commentaire. Nous le regrettons, car il renferme des enseignements de haute portée que les Chrétiens pourraient et devraient méditer utilement; mais chacun peut lire cet admirable livre dont il existe des traductions françaises, bien que la loi mahométane s'oppose à la reproduction du Koran soit en kabyle, soit en turc, soit en persan, et, à plus forte raison, en d'autres langues.—Nous nous bornerons donc à en esquisser sommairement quelques traits saillants, ceux surtout qui se rapprochent des doctrines du christianisme.

Le Koran reconnaît la chute de l'homme et la haine implacable de Satan contre le genre humain. Toutes les fois qu'un croyant est atteint par le malheur ou le chagrin, il récite le 151e verset de la sourate *La Vache :* « Nous sommes à Dieu et nous retournons à « Dieu ! » — puis il ajoute : « Louange à toi, « ô Dieu ! malgré mes peines, je suis bien « heureux d'être résigné à ta volonté ! » Sil est en colère, il s'écrie : « Que Satan se retire « de moi ! »—Suprêmes invocations qui montrent combien le Mahométan craint de faillir, et quel soin il prend d'écarter de lui la tentation de pécher.

La sourate *Jonas* parle des « Ecritures qui « viennent du Maître de l'Univers. » Le Pentateuque ou *Thorah,* les Psaumes ou *Zabour,* l'Evangile ou *Endjil,* que la sourate *La Famille d'Imram* appelle « le livre qui éclaire » sont cités comme divins par le Koran. C'est encore de l'Evangile que la sourate *La Table* dit ce qui suit : « L'Evangile contient la lu- « mière et la direction, il confirme la Thorah « et sert d'admonition à ceux qui craignent « Dieu. Les gens de l'Evangile jugeront selon « l'Evangile, ceux qui ne jugeront pas d'après « un livre de Dieu sont infidèles. »

Le Koran proclame la virginité de Marie, mère de Jésus, qu'il nomme Fille d'Imram « élevée entre toutes les femmes de l'univers. » Dans la sourate *Les Femmes,* il raconte la naissance miraculeuse de Jésus qu'il appelle « le Verbe éternel, » il dit que cet « esprit « venant de Dieu a une mission divine » (1),

_____

(1) « Le Messie Jésus, fils de Marie, est l'envoyé de Dieu. »
(Sourate *Les Femmes,* v. 169.)

qu'il fait des miracles (1). et il déclare que
« ceux-là seuls feront partie de la famille du
« Livre qui croiront en lui avant leur mort. »

Le Koran admet l'existence des anges et
celle du démon qui a séduit Adam et Eve. Il
rapporte les histoires d'Abel, de Noé, d'Abra-
ham « l'ami de Dieu, » de Jacob. de Josué, de
Joseph, de Job, de Moïse ou *Moussa*, de David
qu'il surnomme « le lieutenant de Dieu sur la
« terre » et de Salomon « auquel les génies
« étaient assujettis (2). » Il constate que les

(1) Voici ce que disent les traditions arabes :

« Un jeune enfant et sa mère, habitants de Jerusalem, avaient été
« forcés, pour échapper aux persécutions des Juifs, de se réfugier en
« Egypte. L'enfant fut mis en apprentissage chez un teinturier. Un
« jour son maître étant sorti, il prit diverses étoffes destinées à rece-
« voir des nuances différentes et les jeta pêle-mêle dans la chaudière
« où se préparait la *nila* ou couleur noire. Le teinturier s'étant
« aperçu de la maladresse du jeune apprenti, entra en fureur et se
« lamentait piteusement lorsque, ayant retiré quelques pièces de. la
« chaudière, il vit, à sa grande surprise, que chacune d'elle avait la
« couleur qu'elle devait recevoir. Un grand Prophète venait de se ré-
« véler par ce miracle, et ce Prophète c'était Aïssa-ben-Merim, Jésus
« fils de Marie.

(M. Casimir Henricy, *Mœurs et Costumes de tous les peuples*.)

(2) Nous devons citer une plaisante tradition Arabe relatée par
M. Casimir Henricy à propos des sources thermales de l'Algérie :

« Voulez-vous, — dit-il, — en connaître l'origine? Le roi Salo-
« mon, qui était éminemment sage et prévoyant, avait pour la
« santé et la propreté du genre humain fait construire des bains
« chauds dans tous les coins de ce globe terraqué. Il y avait
« placé en qualité de baigneurs ou de garçons de bains, si mieux

Anges annoncèrent à Zacharie la naissance de Jean (*Jahia*) « le grand, le chaste, le pro-« phète du nombre des Justes qui confirmera « la vérité du Verbe de Dieu. » Enfin, d'après les croyances musulmanes, l'Antechrist doit apparaître en Syrie et être anéanti par Jésus lui-même.

Comme on le voit, il y a de nombreux rapprochements entre les traditions de l'Islamisme et celle du Christianisme. On trouve même chez les Musulmans des ordres religieux ou congrégations qui exercent une très-grande influence sur toutes les classes de la société. La corporation des *Aïssaouas* (1) est une des

« vous l'aimez, des génies, de vrais génies. Mais, afin que ces « employés ne pussent ni entendre, ni répéter, ni voir ce qui se « disait et se faisait dans ces innombrables établissements « hygiéniques, il avait voulu que tous les génies en question « fussent aveugles, sourds et muets. Pourquoi cette précaution ? « Sans doute parce qu'il se passait dans les bains du roi Salomon « des choses qui devaient rester éternellement couvertes du « voile du mystère. — Évidemment la discrétion était une des « vertus de ce souverain. — Mais Salomon vint à mourir ni plus « ni moins qu'un homme très-vulgaire, et quand il fallut faire « comprendre aux garçons de bains que leur maître n'était plus « de ce monde, on n'y put parvenir. En conséquence, les génies « triplement infirmes continuèrent à chauffer les bains comme « si de rien n'était et, à l'heure qu'il est, ils les chauffent tou-« jours avec autant de zèle que jadis. — Comprenez-vous main-« tenant les eaux thermales ? Convenez que si la chose est peu « probable, elle est, du moins, bien trouvée. »

(1) *Aïssa*, en arabe, signifie *Jésus*. On pourrait donc traduire *Aïssaouas* par le mot *Jésuites*.

plus considérables de la Tunisie, elle se livre à des pratiques si singulières qu'elle mérite une description spéciale. — Une fois par an, les Aïssaouas vont visiter processionnellement les tombes de saints du voisinage. Sur leur passage, les fidèles agitent des drapeaux richement ornés, et les femmes font entendre leur *you! you!* traditionnel. Le cortége est précédé d'un bedeau portant une hallebarde surmontée de croissants (1); viennent ensuite les membres de la secte qui s'avancent en chantant et en frappant sur des tambours de basque et des derboukas. D'abord lentes, graves et monotones, les prières s'animent peu à peu, les roulements de timbale deviennent plus accélérés, de minute en minute l'exaltation augmente, et bientôt on n'entend que des cris sauvages au milieu du fracas des tambours. Arrivée à la Kouba de quelque marabout, la procession s'arrête : une partie des Aïssaouas se met à danser en vociférant le nom d'Allah, les autres redoublent leur vacarme ou se livrent aux

____

(1) Le Croissant est devenu l'emblême des Musulmans parce que le Prophète a pris la Lune en croissant pour servir de règle aux jeûnes et aux fêtes.

manifestations les plus extravagantes, marchant sur leurs genoux et sur leurs mains, s'agitant dans des contorsions qui rappellent les tristes scènes des convulsionnaires du cimetière St-Médard au xviii° siècle. Le chef de ces énergumènes distribue à l'assemblée des morceaux de verre que les adeptes broient entre leurs dents et des clous qu'ils enfoncent dans leur bouche. Ici l'on en voit qui avalent des chardons et des épines, appliquent leur langue sur un fer rouge ou le saisissent avec la main sans se brûler, là un autre saute pieds-nus sur le tranchant d'un sabre sans se couper, ou bien fait semblant de s'ouvrir le bras; le sang jaillit, mais il suffit au fanatique de passer la main sur sa blessure pour qu'elle se ferme aussitôt. D'autres encore avalent des serpents, des scorpions, des scolopendres vivants. Tous ces miracles se font avec assez d'adresse pour que les assistants n'en devinent pas le charlatanisme. Enfin, les Aïssaouas se calment peu à peu, ils sortent de la Kouba, reforment leurs rangs, et se séparent après avoir psalmodié les derniers chants du rituel.

Les Mahométans possèdent des espèces de séminaires appelés *Zaouïas* où l'on étudie le Koran, l'arithmétique, la géométrie, l'astronomie, les sciences, les lettres et le droit musulman. Il y a quinze ans, l'une des plus fameuses Zaouïas, fréquentée par des Tunisiens, des Tripolitains et même des Egyptiens, était celle d'Abkou, dans la Kabylie du Djurjura. Elle avait pour directeur Sidi-Mohammed-Saïd-ben-Aly-Chérif qui prétendait descendre du prophète et s'était révélé comme un homme supérieur par son intelligence et sa capacité.

La Fâthà, dont nous avons donné le sens page 55, est la principale prière du culte islamite. La sourate *Hedjr* prescrit d'en « répéter constamment les sept versets; » tout bon musulman doit la réciter avant ses autres oraisons, et elle se termine toujours par le mot *Amine*, car Mohammed déclare que « l'ange Gabriel lui a appris à « dire *Amen* chaque fois qu'il avait achevé « de réciter la Fâthà. »—Les mots *El Fâthà* signifient *l'ouverture, l'introduction;* en effet, la Fâthà forme comme nous l'avons dit, le premier chapitre du Koran. Elle est ainsi conçue :

« BISMI-LLAHI-RRAHMANI-RRAHÎMI.

« *Au nom d'Allah, compatissant et misé-*
« *ricordieux.*

« ELHAMDOU LILLAHI RABBI-LLALAMÎNA. —

« *Gloire à Allah, maître de l'Univers. —*

«   RAHMANI-RRAHÎMI.   — MALIKI

« *Compatissant et miséricordieux. — Roi du*

«   IAUM-EDDINE.   —   EIIAKA

« *jour du jugement. — C'est toi que nous*

«   NABOUDO OUEIIAKA

« *servons, ô Dieu, c'est à toi que nous avons*

« NASTAÏNO.—   EHDMA - SSIRATA -

« *recours. — Dirige-nous dans le sentier de*

«   LMOSTAKIMA.   — SIRATA -

« *ceux qui se tiennent fermes. — Dans le*

«   LLEDINE ANAMTA ALEÎHIME.

« *sentier de ceux que tu as comblés de tes bien-*

«   —   RHEÏR ELMARDOUBI ALEÎHIME

« *faits.—Qui n'ont point encouru ta colère, et*

«   OUALA-DDALINE.   AMINE. »

« *qui ne s'égarent point. Amen. »*

A la tête du personnel religieux existe un *Iman* ou Evêque qui est le chef de la Mosquée et le supérieur des *Ulémas* ou prêtres. Vient ensuite le Marabout dont la mission est de conserver dans son intégrité la foi musulmane, de prier et de veiller à l'observance des préceptes du Koran, mais qui, ainsi que nous l'avons vu, se livre à certains métiers d'une sainteté plus que douteuse. Citons encore les *Derviches* et les *Santons*, espèces de moines mendiants qui vivent de la charité des fidèles et que l'on rencontre principalement en Turquie, de même que les *Mollahs*, sortes de sacristains chargés de la garde des mosquées. Quant aux *Chérifs* et aux *Emirs*, ce sont de hauts dignitaires de la noblesse religieuse et guerrière; descendants du Prophète, ils ont aux yeux du peuple une puissance considérable.

Le culte musulman comprend cinq prescriptions fondamentales : la croyance aux vérités de l'Islam, la prière, le jeûne, l'aumône et le pèlerinage à La Mecque.

Cinq fois dans les vingt-quatre heures,—à 2 heures après minuit ou avant le jour,—à 6 heures du matin,—à midi,—à 2 ou 3 heures après midi, — et à 6 ou 8 heures du soir, le *Muez-*

zine ou gardien de la Mosquée monte au sommet du minaret et appelle le peuple à la prière en hissant un petit drapeau, blanc pour les jours ordinaires, et bleu le vendredi qui est jour férié. A trois reprises il répète ces paroles :

« ALLAH EKBAR. — AïIAOU ALA ESSALAT :

« *Dieu est grand.— Oh ! venez à la prière.*

« AïIAOU ALA ELFALAH.

« *Oh ! venez à l'adoration;*

« LA ALLAH ILLA ALLAH OU

« *Il n'y a pas d'autre Dieu qu'Allah et*

« MOHAMMED RESSOUL ALLAH ! »

« *Mohammed est l'envoyé d'Allah.* »

Ce cri de Muezzine est le même dans tous les pays où règne le croissant. On voit alors les fidèles se tourner vers le *Kiblé* (point du ciel dans la direction de La Mecque) (1), se prosterner sans fausse honte sur le sol et accomplir leurs dévotions dans la rue, aux champs, n'importe où ils se trouvent quand le pavillon flotte à la perche des minarets.

____

(1) « Quand vous priez, tournez le visage vers le temple sacré « de La Mecque. »

(*Koran,* sourate *La Vache,* v. 146.)

S'ils sont près d'une mosquée, ils ôtent leurs babouches, pénètrent dans le lieu saint, font les ablutions (1) et récitent un chapitre du Koran. Il convient de dire que les Musulmans se déchaussent dans toutes les circonstances qui les obligent au respect ou à la déférence ; ainsi, ils restent pieds-nus ou ne conservent que leurs bas non seulement dans les endroits vénérés et partout où les surprend l'heure de la prière, mais encore dans la maison d'un supérieur, dans les réunions, les visites, les cafés, les salons.

L'Islamisme comprend deux grandes sectes : les *Sunnites* ou Mahométans orthodoxes et les *Chiites*. Les premiers se subdivisent eux-mêmes en quatre rites principaux appelés *Medzaeb*. Ce sont les *Malekis* qui tirent leur nom de l'iman Malek, les *Anéfis* de l'iman Ebou-el-Naaman, les *Chafaïs* de l'iman Chafaâ, et les *Hambillis* de l'iman Ahmed-ben-Hambil. — Ils ne diffèrent entre eux que par des points de forme, tels que la position dans

---

(1) Les ablutions sont rigoureusement ordonnées par le Prophète, et dans le cas même où l'eau manque, il faut la remplacer par du sable.

la prière, les ablutions, etc; mais les Hambillis portent très-loin le rigorisme du culte. Si
une femme ou un chien vient à passer pendant l'adoration, ils doivent recommencer
leurs ablutions et leurs prières. Les trois autres rites sont beaucoup moins scrupuleux et
ne présentent rien d'extraordinaire.

Les Sunnites se distinguent des Chiites par
une divergence de doctrines assez semblable
à celle qui existe entre les catholiques et les
protestants. Les Sunnites admettent, outre
le Koran, la règle d'une *sunna* ou tradition
contenant les *hadits* (sentences) du Prophète,
préceptes de sagesse recueillis par ses disciples et notamment par El-Boukhari, surnommé le roi de la Sunna. Ils croient religieuse-
ment aussi à certains récits conservés d'âge
en âge sur la vie et les actes de Mohammed.—
Les Chiites, au contraire, sont les continua-
teurs d'Aly; ils ne reconnaissent que le Koran,
refusent aux califes l'autorité et le titre de
successeurs du Prophète, et repoussent les
traditions.

Les Sunnites dominent dans une partie de
l'Asie, l'Empire Ottoman, l'Egypte et le

Maghreb. Toutefois, à Tunis de même qu'à Alger, les Sunnites du rite Maleki sont en majorité. — Les Chiites se rencontrent en Perse avec un grand nombre de Sunnites du rite Anéfi. — Enfin, il existe dans quelques montagnes·de la Tunisie des *Khamsis*, considérés comme musulmans schismatiques.

Jusque vers les premières années de notre siècle, les Mahométans de Tunis, comme autrefois les Chrétiens du moyen-âge, reconnaissaient à certaines mosquées le privilége d'offrir un asile inviolable aux criminels. Tout accusé qui s'y réfugiait n'avait plus rien à redouter de la justice des hommes. La charité publique constituait même à ces lieux d'asile des ressources plus ou moins considérables pour subvenir aux besoins des fugitifs qui recevaient des vivres et des vêtements achetés sur ce fonds de dotation.

Hamouda-Pacha (1), frappé des abus qu'entraînait le droit d'asile, mais ne pouvant décréter la suppression de cet usage auquel le peuple donnait un carractère sacré, ne

____

(1) Ce Bey régna de 1782 à 1814. (Voir *Précis Historique*, page 33.)

trouva rien de mieux, pour le faire disparaître, que d'envoyer des maçons à la mosquée, avec ordre de murer les portes et les fenêtres aussitôt qu'un criminel s'y était introduit. On ne laissait qu'une très-petite ouverture et le coupable, bientôt pressé par la faim et la soif, ne tardait pas à demander lui-même sa comparution devant le tribunal du Bey.

Les Kabyles et autres gens nomades avaient mobilisé le droit d'asile en attribuant au chapelet des marabouts une puissance protectrice illimitée. C'est ce qu'on appelle *l'anaya*. Aujourd'hui encore cette coutume est très-répandue parmi les Maghrébins; elle est considérée comme sacrée et consiste soit en un certificat écrit, soit dans un objet quelconque bien connu pour appartenir à celui qui l'a donné. Avec ce sauf-conduit, le voyageur peut circuler en toute sécurité dans les tribus où son protecteur jouit de quelque considération.

Avant de parler du grand pèlerinage annuel de La Mecque et des fêtes religieuses des indigènes, nous devons faire connaître les divisions de l'année musulmane. Ces développements préliminaires sont indispensables à l'intelligence du sujet.

L'année musulmane a douze mois, mais comme elle est lunaire, elle ne compte que 354 jours et recommence 11 jours plus tôt que notre année solaire. Sa durée exacte comprenant 354 jours 8 heures 48 minutes, cet excédant d'heures et de minutes produit, au bout de trente ans, un total de 11 jours que l'on répartit sur 11 années du cycle. Il y a donc un jour complémentaire qui devient le trentième du dernier mois.

L'année lunaire de douze mois date de l'hégire (*hedjra* émigration), nom donné à l'ère musulmane par le calife Omar. Antérieurement, les Arabes accordaient leur année lunaire avec l'année solaire en ajoutant, tous les trois ans, un mois intercalaire. C'était l'année de *Naci* comptant, dès lors, treize lunaisons. Mais Mohammed ayant dit que « aux « yeux d'Allah le nombre des mois est de « douze, » les Croyants substituèrent leur nouvelle division à l'ancien système. Ils arrivèrent donc à former une année comprenant :

1er mois,

Moharrem .... 30 jours.—Mois sacré pendant
lequel il était dé-
fendu, jadis, d'en-
treprendre aucune
expédition guer-
rière.

2e mois,

Safar .... 29 jours.—Signifie *départ* ou
solitude parce que,
autrefois, beaucoup
d'habitants de La
Mecque quittaient
cette ville pour al-
ler passer l'été à
Tayf. Actuellement
les Musulmans ne
voyagent plus pen-
dant le mois de Sa-
far. Ils prétendent
que ceux qui par-
tent à cette époque
ne reviennent pas.

3e mois,

Rabi-el-Ououel. 30 jours.—*Printemps premier*

4e mois,

Rabi-el-Tani .. 29 jours.—*Printemps second.*

5e mois,

Djed-el-Ououel. 30 jours.—*Gelée première.*

6e mois,

Djed-el-Tani .. 29 jours.—*Gelée seconde.*

La dénomination de ce mois et des trois précédents est peu exacte relativement à l'année solaire, car, tombant d'une façon essentiellement variable, ils coïncident tantôt avec les chaleurs de l'été, tantôt avec le cœur de l'hiver.

7e mois,

Redjeb........ 30 jours.—Signifie *vénérable.*

8e mois,

Chaâban...... 29 jours.—Signifie *dispersion.*

9e mois,

Ramdhan..... 30 jours.—Signifie *brûlant.*

10e mois,

Choual . . . . 29 jours.—Appelé aussi *Aïd-es-Sserhir* (la petite fête). Le premier jour de Choual, on célèbre le petit *Beïram*, consacré aux visites, aux souhaits, aux réjouissances et aux plaisirs.

11e mois,

Dhou-el-Kada..30 jours.—*Mois du repos*, ainsi nommé parce qu'on se reposait des fatigues de la guerre pour se livrer au commerce.

12e mois,

Dhou-el-Hadja. 29 jours dans les années ordinaires, et 30 jours dans les an-

nées em-
bolismiques
ou complé-
mentaires.—*Mois du pèlerinage.*

Les mois musulmans, alternant ainsi de 29 à 30 jours, correspondent avec les lunaisons qui comprennent un espace de vingt-neuf jours et demi.

Leurs dénominations empruntées au vocabulaire turc sont employées dans les actes publics ou officiels, mais les indigènes se servent encore d'autres noms pour désigner les douze mois. Ainsi, chez certaines tribus et notamment en Algérie, un grand nombre d'Arabes disent :

Achoura . . . . pour le 1ᵉʳ mois
Fdhaïla . . . . » 2ᵉ »
Maouled . . . . » 3ᵉ »
Mcheïa-maouled . . . . » 4ᵉ »
Djed . . . . » 5ᵉ »
Djoumed . . . . » 6ᵉ »
Sidi-Redjem . . . . » 7ᵉ »
Chaâban . . . . » 8ᵉ »
Ramdhan . . . . » 9ᵉ »

Aïd-es-Sserhir (1)....... pour le 10ᵉ mois
Bin-el-Aïed (2).........   »   11ᵉ   »
Aïd-el-Kebir...........   »   12ᵉ   »

Enfin, les Arabes, pour remédier aux inconvénients de la supputation des années solaire et lunaire, ont — ce qui est généralement ignoré — conservé les mois romains et gardé à ces mois leurs noms à peu près tels qu'ils figurent sur notre calendrier :

Jenir............	Janvier.
Fourir..........	Février.
Martiouss.......	Mars.
Abril...........	Avril.
Maïouss	Mai.
Jouniouss.......	Juin.
Jouliouss	Juillet.
Arhousth	Août.
Sebthember	Septembre.
Ektoubress.......	Octobre.
Nouember.......	Novembre.
Djember	Décembre.

(1) Ainsi nommé de la fête du premier jour de ce mois dont nous venons de parler.

(2) C'est-à-dire *entre les fêtes* parce qu'il tombe entre le jeûne du *Ramdhan* et le grand *Beïram* qui se célèbre le dixième jour du douzième mois.

Les Tunisiens divisent la semaine en sept
jours qui sont :

Le 1er jour — *El-Hhad*   — ou Dimanche.
  2e   »   — *El-Etnin*   — » Lundi.
  3e   »   — *El-Tselatsa*   — » Mardi.
  4e   »   — *El-Arbâ*   — » Mercredi.
  5e   »   — *El-Kramis*   — » Jeudi.
  6e   »   — *El-Djemâa* (1)— » Vendredi.
  7e   »   — *Es-Sebt*   — » Samedi.

Les heures se comptent à partir du coucher
du soleil, c'est-à-dire de 6 heures du soir au
lendemain à pareille heure.

Quant aux saisons, les Tunisiens d'autrefois n'en connaissaient que trois : le printemps,
l'été et l'hiver. Aujourd'hui ils admettent,
comme en Europe, les quatre grandes divisions de l'année :

      Er-Rebiâ...... Le Printemps.
      Es-Ssif....... L'Eté.
      El-Krarif..... L'Automne.
      Es-Cheta...... L'Hiver.

Le pèlerinage à La Mecque excite au plus

____

(1) Les mots *El-Djemâa* signifient *l'Assemblée;* en effet, le
vendredi est le jour consacré à la réunion des fidèles dans les
mosquées.

haut point le zèle des sectateurs de l'Islam ; tout Musulman, au retour de la Ville Sainte, prend le titre de *haddj* (pèlerin) dont il fait précéder son nom et qu'il conserve toujours. Cette distinction est très-ambitionnée par les Mahométans, car elle leur assure le respect et la considération de tous leurs coréligionnaires.

Le dernier mois de l'année, Dhou-el-Hadja (dérivé du mot Haddj), est l'époque consacrée au pèlerinage de La Mecque. Les caravanes prennent leurs dispositions pour arriver dans la cité du Prophète durant ce mois, et le *Râkeb* ou caravane de La Mecque quitte, tous les ans, Fez ou Tafilelt, villes du Maroc, le 2 du mois de Redjeb septième mois de l'année. Quelques pèlerins se rendent isolément à La Mecque par Tripoli, mais la plupart se joignent au Rakeb dont, depuis des siècles, les lieux de passage et de halte sont déterminés à l'avance. Cette grande caravane, placée sous le commandement d'un chef appelé *Cheikh-er-Râkeb,* comprend non-seulement des piétons, mais encore des hommes montés sur mulets, chevaux, chameaux et dromadaires.

En effet, le Râkeb n'a pas un caractère exclusivement religieux, il présente aussi certain côté commercial, et les transactions qui s'opèrent pendant le voyage des pèlerins ont une telle importance que, suivant M. Casimir Henricy (1), la caravane compte déjà 8.000 personnes quand elle arrive à El-Arouât où elle n'a encore recruté que les Marocains et un petit nombre d'Algériens.

Le Râkeb, précédé du drapeau blanc sacré, marche au son de la musique et sous l'escorte d'une garde nombreuse. Les pèlerins font entendre en cadence le cri de l'Islam :

« La Allah illa Allah !

« *Il n'y a pas d'autre Dieu qu'Allah !*

Ou bien encore : « El Hamdoullah ! » —
« *Gloire à Dieu !* »

— Trois fois par jour, le matin, à midi et le soir, ils se prosternent tous ensemble pour adorer Dieu, et l'iman ou le marabout qui assiste le Cheikh-er-Râkeb fait la lecture du Koran.

(1) *Mœurs et Costumes de tous les peuples.*

Quand les pèlerins voyagent seuls et à pied, ils emportent dans des *couffins* (1) leurs provisions de bouche qui consistent en dattes et en blé réduit à l'état de farine après avoir été grillé. Quelquefois ils se munissent de beurre qu'ils disent être un excellent préservatif contre la soif; quant à l'eau, ils la portent sur le dos dans une outre. Chaussés de sandales en peau de bœuf et armés d'un bâton pour se garantir des chiens et des serpents, les voyageurs indigènes franchissent des distances considérables, ordinairement de douze à quinze lieues. Ils sont très-solides à la marche et ne s'arrêtent guère entre le lever et le coucher du soleil. Chose inouïe, les Arabes ne s'égarent jamais, même dans les plaines du désert où il n'y a ni routes ni sentiers, et où le pied de l'homme et des animaux ne laisse qu'une faible empreinte bientôt effacée par le vent. Cela tient à leur merveilleux instinct aidé par une prodigieuse facilité d'observation. Tout leur sert de point de repère; la cime

(1) Vaste panier flexible fait avec des tiges de bambou ou des feuilles de palmier tressées.

d'une montagne, les formes changeantes d'une colline de sable, et surtout les *nza* ou monuments funèbres, amas informes de cailloux lentement élevés par chaque passant qui jette là sa pierre pour marquer la place d'un meurtre non vengé : « expression symbolique « — dit le capitaine Carette — (1) image éloquente de cette vérité que la dette du sang « ne se prescrit pas. » Ces voyageurs isolés sont très-rares ; généralement les Arabes suivent les caravanes qui parcourent le pays. Ils rencontrent toujours quelque *gafla* caravane commerciale, ou une *nedja* caravane composée de tribus nomades.

Quand il entreprend le voyage de La Mecque, le Musulman préfère attendre le passage du Râkeb où il trouve une sécurité réelle contre les bandes de *gottaïa* (coupeurs de routes). Ceux-ci ne se font nul scrupule d'attaquer les caravanes, voire même quelquefois le Râkeb, malgré le respect dont il est entouré. On ne comprend guère comment ils

(1) *Recherches sur la Géographie et le Commerce de l'Algérie méridionale.*

ont l'audace d'engager la lutte contre une agglomération d'hommes armés et parfaitement organisés pour la défense. Cependant, les caravanes livrent souvent des combats acharnés contre les gottaïa. Jamais on ne fait de prisonniers, mais tout adversaire qui tombe vivant entre les mains de son ennemi est immédiatement décapité. Les marabouts, les juifs et les forgerons échappent seuls à ces terribles représailles; les premiers le doivent au respect qui leur est acquis, les seconds au mépris dont ils sont l'objet, quant aux derniers, on ne s'explique pas l'exception admise en leur faveur. D'où vient ce dédain des Musulmans pour les forgerons? Nous n'avons pu en découvrir la cause, mais ce qu'il y a de positif, c'est qu'un homme livré à la merci du vainqueur n'a qu'à faire avec les bras le mouvement du forgeron qui bat l'enclume pour avoir immédiatement la vie sauve. On se borne à le flétrir des épithètes les plus injurieuses.

Arrivés à La Mecque, les pèlerins n'ont pas de vœu plus ardent que de s'accrocher à la fenêtre de la chambre où est suspendu le tombeau de Mohammed. Ils n'y parviennent que fort difficilement, et beaucoup ne peuvent percer la foule compacte qui assiége le lieu vénéré.

Dhou-el-Hadja n'est pas seulement sanctifié par le pèlerinage de La Mecque ; le 10 du même mois, on célèbre le grand *Beïram (aïd-el-kebir* (1) ou fête des sacrifices) qui dure quatre jours pendant lesquels on immole à Dieu un nombre considérable de brebis. A l'approche de la solennité, chaque ménage fait ses préparatifs, on passe les murs à la chaux, des monceaux de couscoussou, des cargaisons de pâtisseries sont confectionnés par les femmes, tout le monde se met en frais pour se réjouir de son mieux. Sous la tente, on fourbit les armes, on répare les selles et les housses en vue de la fantasia, on organise les jeux de bague, les courses, la lutte, et tous les divertissements populaires.

Plusieurs autres mois de l'année amènent soit des fêtes soit des jeûnes. Ainsi, le dixième

____

(1) Nous rappelons que certaines tribus désignent sous le nom d'*Aïd-el-Kebir* le mois de Dhou-el-Hadja.

jour de Moharrem, anniversaire de la mort de Hussein, fils d'Aly (1), est marquée par une cérémonie religieuse (2). — Sous le nom de *Mouloud* ou de *Maouled* (naissance), tout l'Islam célèbre, au douzième jour de Rabi-el-Ououel, la date commémorative de la naissance du Prophète (3). M. Henry Dunant dit « qu'il est d'usage de manger, ce jour-là, une « bouillie réduite à la consistance d'une pâte « arrosée de miel et de beurre fondus ensem-« ble. » — Les mois de Redjeb et de Chaâban sont consacrés à la dévotion et au jeûne préparatoire du Ramdhan, sauf l'avant-dernier jour de Chaâban où l'on festoie avec des viandes et des friandises.

Le mois de Ramdhan est entièrement voué au jeûne le plus rigoureux; tous les Musulmans l'observent scrupuleusement à l'exception des infirmes, des vieillards, des nourrices, des

(1) Hussein mourut l'an 61 de l'Hégire.

(2) On a vu plus haut que chez diverses peuplades indigènes le mois de Moharrem s'appelle *Achoura* (du mot *Achera* dix). C'est évidemment en souvenir du fait mémorable qui survint le dixième jour de ce mois.

(3) Même rapprochement pour le mois de Rabi-el-Ououel qui se nomme *Maouled* dans quelques pays musulmans.

femmes en couches ou enceintes, des enfants
en bas âges, des malades et des fous. Le
jeûne commence lorsque paraît la lune nouvelle qui suit le mois de Chaâban, et il doit
être gardé depuis le moment où l'on peut dis-
tinguer un fil blanc d'un fil noir jusqu'au coucher du soleil. La nuit, il est permis de se
livrer sans scrupules à tous les genres de plaisirs, aussi les Islamites n'y manquent-ils pas.
Beaucoup d'entre eux se couchent à l'aurore
pour ne se réveiller que vers 4 ou 5 heures du
soir, faisant du jour la nuit et de la nuit le
jour. Cinq minutes après le coucher du soleil,
les Muezzines font entendre du haut des minarets l'appel à la prière ; chacun s'écrie
alors : « O Dieu ! j'ai observé le jeûne pour
« t'obéir et je le romps en te rendant grâces
« pour les biens que tu me donnes. Pardonne-
« moi mes fautes passées et futures ! » Cela
dit, on se rince la bouche, on avale quelques
gorgées d'eau, on boit du café, on mange des
choses fines et délicates, puis on fume et on
achève la nuit au milieu des distractions les
plus variées.

Les soirées du Ramdhan sont fort curieuses

à Tunis : la ville est éclairée de mille lanternes aux verres de couleur, les promeneurs sont nombreux dans les rues où s'agitent des musiciens, des marchands ambulants et des montreurs de marionettes. Jusqu'à une heure et demie du matin, les cafés chantants ne désemplissent pas. Alors des hommes munis de tambours de basque parcourent les quartiers musulmans pour annoncer l'heure du dernier repas et la fin de la nuit.

Il y a encore la fête du *Lében* qui se célèbre à la naissance du printemps, quand les vaches saturées d'herbe nouvelle donnent en abondance le lait qui sert à préparer le beurre et à distiller la boisson favorite. Celui qui a obtenu le premier lében le partage avec ses voisins ; toute la tribu est convoquée, la liqueur bien aimée coule à longs flots, on improvise et on chante avec accompagnement de derbouka.

A l'époque des moissons, nouvelle fête nommée *Thâma-el-Fellaatna* (nourriture des paysans). Les plaisirs de ce jour consistent en un repas copieux dont le couscoussou forme la base, en contes, en improvisations, et l'on termine la journée par la fantasia qui est l'agrément obligé de toute réjouissance publique.

Nous devons aussi dire quelques mots sur les fêtes religieuses des Israélites, fort nombreux à Tunis et que l'on fait descendre des Juifs réfugiés en Afrique après la destruction de Jérusalem par Titus. Nous croyons, avec divers auteurs, que c'est seulement sous le règne de l'empereur Adrien qu'ils se fixèrent dans la Tunisie, et l'on peut ajouter que leur nombre s'accrut surtout après les persécutions exercées contre ce peuple par les Européens aux xiv° et xv° siècles.

Les Juifs de Tunis observent rigoureusement leurs fêtes des Tabernacles, de la Pentecôte, des Propitiations et de la Pâque.—La première, instituée en mémoire du passage dans le désert, a lieu après les récoltes d'automne. Elle dure sept jours pendant lesquels les Israélites quittent leurs maisons pour vivre sous des tentes de feuillage. C'est le moment des agapes fraternelles où les mets les plus délicats sont servis aux voisins, aux amis, aux parents et même à tout étranger qui se présente. — La fête de la Pentecôte ou des moissons dure deux jours; l'usage est de la célébrer en se régalant de gâteaux de fine fleur de farine. — Aux Propitiations, il y a jeûne, amende honorable, grand pardon; c'est à cette époque de l'année que les Juifs se réconcilient avec ceux de leurs coréligionnaires qu'ils ont pu offenser. Pendant la cérémonie religieuse on amène un bouc sur lequel chacun se décharge de ses péchés, puis la malheureuse bête est chassée du temple. Quant à la Pâque, c'est la plus grande solennité du peuple d'Israël. Aujourd'hui encore, son cérémonial, que tout le monde connaît, est à peu près tel qu'il fut établi il y a plus de trois mille ans.

Les Israélites se rendent en pèlerinage à Jérusalem, comme les Musulmans à La Mecque. Ils ont un tel désir de revoir cette terre qu'ils appellent leur patrie, qu'un grand nombre de pèlerins, ne pouvant subvenir aux frais d'un transport par mer, se dirigent à pied vers la Palestine par Tripoli, l'Egypte et les déserts. Beaucoup meurent avant d'arriver, beaucoup aussi ne reviennent jamais en Afrique tant est pénible ce long voyage. D'ailleurs, tout Israélite n'a pas de vœu plus ardent que de mourir dans ces lieux qui furent le berceau de sa nation.

Les Juifs de Tunis obéissent ponctuellement aux préceptes de leur religion. Pendant les fêtes et le sabbat ils ne se livrent à aucun travail ni commerce, leurs boutiques restent fermées et pour rien au monde ils n'omettraient de sanctifier le samedi. Sévères dans les jeûnes et sur les points fondamentaux du culte hébraïque, ils ne sont pas moins scrupuleux pour les prescriptions de moindre importance que la tradition, la loi ou le Talmud ont introduites jusque dans les choses habituelles et journalières de la vie. Non seulement ils portent des phylactères qu'ils regardent comme un préservatif contre les dangers et les maux qui nous environnent, mais encore ils excluent les femmes des synagogues, font exactement leurs ablutions et ne prient jamais sans se couvrir du *tallit* (1). — Ils ne mangent que des aliments préparés par des Israélites, ils ne touchent qu'aux viandes

(1) Châle de laine blanche.

tuées selon les rites rabbiniques, et ils suivent des règles précises même pour laver la vaisselle.

En Tunisie, les Juifs sont talmudistes orthodoxes (1), c'est-à-dire qu'ils reconnaissent les doctrines du *Talmud* ou discipline qui est pour eux la suite et le complément de la Bible, en même temps qu'un code civil et religieux. Le lourd Talmud, comme on l'appelle, est fort obscur; ses traditions légendaires, ecclésiastiques, juridiques et scientifiques sont invraisemblables et renferment de graves erreurs. Il existe deux Talmud : 1° celui de Jérusalem, achevé dans le IIe siècle et qui, devenu inintelligible pour les Juifs eux-mêmes, n'est plus en usage, — 2° celui de Babylone, seul admis aujourd'hui par les Israélites orthodoxes. Le Talmud de Babylone est divisé en deux parties : 1° La *Mischna* ou seconde Loi (2), écrite en hébreu rabbinique vers 190

(1) Les *Talmudistes* ou *Rabbinistes* sont opposés aux *Caraïtes*, secte juive qui s'attache exclusivement à la lettre de la Bible et rejette les interprétations des Rabbins. On ne trouve guère les Caraïtes qu'en Egypte, en Syrie, à Constantinople, en Russie, en Pologne et en Galicie.

(2) Les Juifs prétendent que Moïse, en recevant sur le Mont

par le rabbin Judas-le-Saint, et qui contient le texte de la Loi ; — 2° La *Gémara* ou complément, écrite en hébreu mêlé de Chaldéen par le rabbin Asser. Cette seconde partie, rédigée du v° au vi° siècle, n'est qu'une sorte de glose ou commentaire comprenant les interprétations de la Loi.

Les Israélites possèdent encore d'autres livres sacrés, notamment celui de la *Création*, le *Zohar* ou Livre de Lumière, le *Yetzira* et la *Massore*.—La Création et le Yetzira, attribués au rabbin Akiba qui vivait dans le 1er siècle de Jésus-Christ, et le Zohar, qui paraît avoir été écrit par son disciple Ben-Yokaï, sont des livres cabalistiques offrant un assemblage d'idées bizarres, de fables, de traditions symboliques, avec des récits où surgissent des rêveries sur les démons et autres excentricités qui touchent à la magie. Ils contiennent l'exposé de la *Cabale*, doctrine secrète des Juifs cabalistes, qui enseignait sous la forme mys-

Sinaï les tables de la Loi écrites de la main de Dieu, recueillit aussi d'autres préceptes que les Docteurs de la Synagogue conservèrent par tradition jusqu'à ce qu'ils fussent réunis en un Code.

tique le dogme de l'émanation divine et four-
nissait une explication allégorique des Ecritures. On y trouve encore une théurgie absurde
par laquelle les adeptes prétendaient soumettre à la volonté humaine les puissances
surnaturelles en prononçant certains mots, et
opérer avec leur secours toutes sortes de miracles. En définitive, la Cabale (de l'hébreu
Kaballah réception, tradition) consistait dans
une interprétation mystérieuse de la Bible, et
le fond même de cette doctrine reposait sur le
panthéisme spiritualiste.—Quant à la Massore
(en hébreu *Massora* tradition), c'est un livre
de traditions relatives au texte des auteurs
sacrés. Il paraît devoir être attribué à certains
docteurs Juifs appelés *Massorètes* qui fixèrent, d'après les manuscrits et la tradition
orale, la leçon du texte sacré en y ajoutant les
points-voyelles pour remplacer les voyelles que
l'on n'écrit pas en hébreu. Quelques auteurs
font remonter les Massorètes et leurs travaux
à l'époque où florissait l'Ecole de Tibériade et
même au temps de Moïse; mais, si l'on en
croit de savants hébraïsants, l'innovation dont
il s'agit ne serait pas antérieure au IXe siècle.

La littérature tunisienne est assez riche en chroniques, en poésies, en légendes, en sentences, en œuvres d'histoire et de théologie musulmane. Plusieurs écrivains de ce pays jouissent d'une grande renommée ; néanmoins, ici comme dans tout l'Islam, le Koran est et reste le chef-d'œuvre de la langue arabe, langue extrêmement difficile et qui présente des complications inextricables. Non seulement il y a l'arabe savant et l'arabe vulgaire, mais encore les dialectes et la prononciation varient suivant les régions. Les mots abondent pour rendre une même idée, et cette multiplicité des formes devient très-encombrante à cause de la variété des lettres, des difficultés de l'accentuation, des variantes, des caractères, des abréviations, du retranchement de la plupart des voyelles, etc., etc. (1).—Quant à la langue Kabyle ou berbère, qui paraît être l'ancien punique et se rapproche de l'hébreu,

---

(1) Les chiffres dont nous nous servons, et que l'on nomme *chiffres arabes*, ne ressemblent nullement aux signes employés dans les pays arabes ou orientaux. Leurs dénominations ne se rapprochent même en aucune façon des termes usités chez nous. Voici, en effet, quelques-uns des nombres cardinaux compris dans la numération arabe :

on en possède une grammaire avec diction-
naire.

Outre les *Tefsir* ou commentaires du Ko-

N°		Nom	N°		Nom
1	١	Ouahhad.	21.	٢١	Ouahhad ou Eûcherin.
2.	٢	Zoudj. / Etnin.	22.	٢٢	Etenin ou Eûcherin.
5.	٣	Tslatsa.	23.	٢٣	Tslatsa ou Eûcherin.
4.	٤	Arbâa.	24.	٢٤	Arbâa ou Eucherin.
5.	٥	Khamsa.	25.	٢٥	Khramsa ou Eûcherin.
6.	٦	Setta.	30.	٣٠	Tslatin.
7.	٧	Sebâa.	40	٤٠	Arbâïn.
8.	٨	Tsemenia.	50	٥٠	Khamsin.
9.	٩	Tesâa.	60.	٦٠	Settin.
10.	١٠	Achera.	70.	٧٠	Sebâïn.
11.	١١	Ahhdach.	80.	٨٠	Tsemanin.
12.	١٢	Tsnach.	90.	٩٠	Tesâin.
15.	١٣	Tslettach.	100.	١٠٠	Mya.
14.	١٤	Arbâtach.	200.	٢٠٠	Mîtcïn.
15.	١٥	Khamestach.	1000.	١٠٠٠	Alef.
16.	١٦	Settach.	2000.	٢٠٠٠	Elfaïn.
17.	١٧	Sebâtach.			
18.	١٨	Tsementach.			
19.	١٩	Tesâtach.			
20.	٢٠	Eûcherin.			

Mais alors, pourquoi appelons-nous *chiffres arabes* les caractères au moyen desquels on écrit les nombres?

Il y a grande controverse à ce sujet: suivant les uns, ce nom leur
viendrait de ce que nous aurions emprunté aux Arabes, non les
chiffres tels que nous les traçons, mais le système de notre
numération et, conséquemment, la valeur représentative des
signes employés. — D'autres savants, notamment M. Chasles,
s'inscrivent en faux contre cette origine, et soutiennent que
l'usage des chiffres nous fut transmis par les Romains. — Enfin,
d'après M. Florian Pharaon, tous les caractères de la numération seraient tirés du chaton de la bague de Salomon, qui
représentait un carré divisé en quatre parties par deux lignes
transversales partant des angles et se croisant au centre. Il
suffisait d'arrondir les angles des dix figures inscrites sur la
bague pour obtenir les dix chiffres dont nous nous servons.

Si séduisantes que soient ces diverses théories, la première
opinion nous paraît être la plus vraisemblable et la mieux
fondée.

Quant au point de savoir par qui et à quelle époque les chif-

ran, il existe sept principales éditions du Livre de Dieu. Ces diverses éditions ne contiennent pas toutes le même nombre de versets, les unes en donnent 6000, les autres 6473, mais les musulmans qui ont scrupuleusement compté les mots et les lettres du Koran (1) affirment qu'elles renferment toutes le même nombre de mots (77,639) et le même nombre de lettres (323,015). Bien plus, ils savent combien de fois chaque lettre est répétée dans le Livre.

Le Koran, divisé en sourates et en versets, est subdivisé en trente parties égales pour la lecture dans les lieux consacrés au culte. Or, chaque mosquée possède trente lecteurs qui se partagent les trente sections du Livre saint, chacun d'eux lisant, chaque jour, la partie qui lui est attribuée, le Koran se trouve récité en entier une fois par jour dans tous les temples Islamites.

Outre les contes et les récits qui sont en

___

fres arabes furent introduits en Europe, nous croyons, avec la plupart des auteurs, que c'est Gerbert d'Aurillac, pape français régnant au xe siècle sous le nom de Sylvestre II, qui fit adopter le nouveau mode de numération.

(1) Les Juifs ont fait de même pour la Loi ou Thorah.

grande vogue chez les Maures et les Arabes, il faut citer aussi les proverbes pour lesquels ils ont un goût particulier. — M. Henry Dunant a mentionné dans sa *Notice sur la Régence de Tunis* un certain nombre de ces sentences qu'il déclare inédites. La plupart sont fort curieuses, et nous allons en reproduire quelques-unes :

PROVERBES.	SIGNIFICATION.
« Un seul cavalier « ne fait pas de poussière. »	« Le travail d'un « seul homme ne peut « pas être bien considérable. »
« Une savate raccommodée vaut « mieux qu'une barbe « abandonnée. »	« Une femme a parfois plus de valeur « qu'un homme. »
« Que te manque-t-« il, ô homme nul ? « Une bague en diamants !	« Si vous êtes riche, les sots vous « accorderont une « grande considération. »

PROVERBES.	SIGNIFICATION.
« Il ne peut payer « son barbier pour « une simple barbe, « et il cherche des té-« moins pour la céré-« monie de ses fian-« çailles. »	« L'homme ruiné « qui cherche à faire « de grandes affai-« res. »
« Il cherche son fils « qu'il porte sur ses « épaules. »	« L'homme dis-« trait. »
« Il est venu pour em-« brasser sa femme, « et il lui a crevé les « yeux. »	« On fait souvent « plus de mal que de « bien avec de bonnes « intentions. »
« Il a ôté à sa barbe « pour ajouter à sa « chambre. »	« Celui qui ne tient « pas sa parole, ou « qui sacrifie l'hon-« neur à l'apparen-« ce. »
« La forêt n'est brû-« lée que par ses pro-« pres arbres. »	Méfiez-vous de vous-même.

PROVERBES.	SIGNIFICATION.
—	—
« S'il tient sa bou- « che fermée, les mou- « ches n'y entreront « pas. »	« Discrétion. »
« Il est venu t'aider « pour creuser la « tombe de ton père, « et il s'est enfui avec « ta pioche. »	« Défiez-vous de « ceux dont les offres « de services sont in- « téressées. »
« J'embrasserais « plutôt les boutons « de son habit que ses « voisins. »	« Allez droit au « but. »
« Le pied va où le « cœur le mène. »	« L'homme est res- « ponsable de ses « actes. »
« Soyez lion et man- « gez-moi, mais ne « soyez pas loup pour « me salir. »	L'honneur vaut plus que la vie.
« Chaque espèce est	Dis-moi qui tu han-

PROVERBES.	SIGNIFICATION.
« bonne pour son es- « pèce. »	tes, je te dirai qui tu es.
« Travaille pour ta « réputation jusqu'à « ce qu'elle ait un « nom, puis elle tra- « vaillera pour toi. »	Méritez la réputa- tion dont vous voulez que l'on vous honore.
« La parole en son « temps est permise. »	Causez, mais avec à-propos.
« Sa fortune a passé « en paille et en « clous. »	« Prodigalité. »
« Il est allé à la « mer et l'a trouvée « sèche. »	« Celui qui marche « sans courage ferait « bien de retourner « en arrière, car il « échouera dans ses « entreprises. »
« Ce que les saute- « relles avaient laissé, « les petits oiseaux « l'ont mangé. »	« Un mal n'arrive « presque jamais « seul. »

PROVERBES.	SIGNIFICATION.
—	—
« C'est le crieur « même qui a perdu « son âne. »	« Souvent on ne sait « pas faire pour soi-« même ce qu'on a fait « pour les autres. »
« Il n'a pas de pain « à manger, et il cher-« che une épouse. »	« Ne soyez pas trop « ambitieux lorsque « vous n'avez que de « petits moyens. »
« Il mange les fruits « du jardin paternel, « et il insulte ses an-« cêtres. »	« Ne soyez pas in-« grat. »
« Trop bouillir fait « sécher la marmite. »	« Trop parler fait « tomber dans le men-« songe. »
« Si quelqu'un te « dit : Allons faire les « Chérifs, réponds-« lui : Attendez que « les vieux Juifs du « quartier El-Ara qui « vous connaissent « soient morts. »	« Ne prétendez pas « vous faire passer « pour ce que vous « n'êtes pas. »

PROVERBES.	SIGNIFICATION.
—	—
« Le Marocain a ses « paroles en sa bou- « che, mais le Tuni- « sien a besoin de « demander conseil à « sa mère. »	« Répondre sans hé- « siter n'est pas tou- « jours le meilleur. »
« Toi qui es si beau « au dehors, comment « es-tu au dedans ? »	« Ne vous fiez pas « aux apparences. »
« Le chameau ne « voit pas ses dé- « fauts. »	« On se voit d'un « autre œil qu'on ne « voit son prochain. »
« La ville est éloi- « gnée ; toutefois, la « nouvelle arrive. »	« Ne pensez pas « qu'un secret demeu- « re toujours caché. »
« Au moment où « j'avais besoin de toi, « ô ma figure ! le chat « t'a égratignée. »	« On ne trouve pas « toujours des amis « quand on en a be- « soin. »
« Aime-moi comme « ton frère, et fais mes « comptes comme tu	« Les bons comptes « font les bons amis. »

PROVERBES.	SIGNIFICATION.
—	—
« les fais à ton en- « nemi. »	
« Recevoir l'aspre « du malheureux est « une injustice. »	« L'excès du droit « est une injustice. »
« Beaucoup d'états « et la fortune per- « due. »	« Inconstance. «Pierre qui roule n'a- « masse pas mousse. »
« Tu m'aimes tant « que tu en as oublié « même mon nom. »	« Amitié qui n'était « qu'intéressée. »

IV.

CLIMAT; —PRODUCTIONS; —INDUSTRIE; —
MONNAIES.

—⁓∞⁓—

Tunis, à laquelle plusieurs auteurs donnent
150,000 habitants (1), est située à 620 kil. E.
d'Alger par 8° 55' long. E. et 37° 12' lat. N.
— L'étendue du royaume est de 580 kil. du
Nord au Sud, c'est-à-dire de la Méditerranée

(1) Il est très-difficile d'obtenir le chiffre exact des populations
musulmanes à cause de la défense faite aux hommes de pénétrer
dans l'appartement réservé aux femmes. On est obligé de s'en rap-
porter à la déclaration du chef de famille, encore n'en peut-on quelquefois rien tirer.

au Belad-el-Djérid, et de 290 kil. pour la région bornée par l'Algérie à l'Ouest, et par l'Etat de Tripoli à l'Est. Sa population totale est d'environ 3 millions d'habitants.

Le climat de Tunis est très-salubre malgré les chaleurs souvent excessives qui durent pendant la majeure partie de l'année, mais l'air y reste si pur et si élastique que la haute température fatigue beaucoup moins en ce pays que dans les contrées plus septentrionales.—Les seules maladies régnantes pendant l'été sont l'ophthalmie, engendrée par la réfraction du soleil ardent et les sables que le vent charrie, puis une dermatose appelée vulgairement *gale bédouine* et qui n'a d'autre cause que l'action du soleil sur le sang et sur la peau. Cette affection, nullement contagieuse, n'offre pas de gravité, mais elle est souvent fort douloureuse : elle consiste en une éruption sur tout le corps de petits boutons rouges très-sensibles au moindre frottement. Aucun moyen thérapeutique n'amène la guérison de cette espèce d'eczéma qui disparaît naturellement dès que la température s'abaisse. Les fièvres pernicieuses, si communes sur le littoral africain, sévissent rarement à Tunis où les enfants sont superbes de fraîcheur et de santé. Ces excellentes conditions hygiéniques tiennent à l'admirable position de la ville et, probablement aussi, au voisinage des marais salés.

En hiver, le thermomètre marque ordinairement 10° ou 18° au-dessus de zéro; presque jamais il ne descend jusqu'à O. — Pendant l'été, la température varie normalement de 25° à 30°, mais elle monte parfois jusqu'à 40° et 50° sur les points exposés au soleil, ou quand s'élève le *sirocco*, vent du Sud-Est qui dessèche tout sur son passage en accablant l'homme ainsi que les animaux. — La saison tempérée correspond aux mois de mars, avril et mai; c'est alors que la végétation se montre dans toute sa magnificence. La moisson se fait au mois de juin, et jusqu'au mois d'octobre on traverse la période des grandes chaleurs. En novembre, les pâturages reverdissent, puis la saison des pluies dure presque sans interruption pendant les mois de décembre, janvier et février.

Le sol de la Tunisie est très fertile : il fournit en abondance des productions de toute nature, les diverses denrées nécessaires à la vie, et principalement des céréales dont sont couvertes de grandes étendues du pays. On y trouve presque tous les arbres de produit et d'agrément, des oliviers énormes, de gigantesques caroubiers étalant leurs vastes rameaux luisants, des figuiers à la verdure lustrée, des orangers atteignant parfois une élévation de quarante pieds, des citronniers, des bambous, des amandiers, des palmiers-dattiers, des palmiers-nains, des châtaigniers, des noyers, des aloës à feuille rude et remarquables par leurs hautes tiges en fleurs, des cactus à verdure mate, des pistachiers, des lentisques, des jujubiers, des mûriers, des grenadiers, des cognassiers, et des arbousiers dont le fruit rouge ressemble à la fraise.

On cultive aussi le raisin, le melon, la pastèque, le bananier aux larges feuilles, le cumin, le sumac, le henné, le tamarin, le safran, le séné, le tabac, la garance, le coton, la canne à sucre et toutes espèces de légumes (1).

(1) Dès la fin de Janvier on mange des petits pois et autres primeurs.

Dans les jardins on voit tous les arbres fruitiers d'Europe, des myrtes-boules assez semblables à nos charmilles, des massifs de jasmins, de clématites, et une immense variété de fleurs. — Les prairies sont émaillées de fenouils jaunes, de jacées rouges et bleues, d'ombellifères blanc mat, de radiées blanc glacé, etc.

Rien n'est admirable comme ces vallées d'Afrique parsemées de bouquets de palmiers dont les fines aigrettes montent dans l'air d'un seul jet. Ici ce sont des bois de lauriers roses et de myrtes toujours verts qui imprègnent l'air de leurs parfums suaves, là de vastes plantations d'oliviers et d'orangers couvrant les collines, le littoral et la plaine de la Mejerda, sont une source de richesse pour le pays en même temps que l'un de ses plus beaux ornements.

Les forêts contiennent des essences de toute sorte : cèdres, chênes-verts, chênes-lièges, chênes blancs, peupliers de Hollande à verdure mobile et changeante, pins de Jérusalem, lentisques arborescents, saules pleureurs, frênes, ormes, platanes immenses, hauts cyprès, trembles, aunes, tamarins et thuyas dont, au temps du roi Juba, l'on faisait déjà des meubles qui se vendaient un prix exorbitant.

Au sud de la Régence, dans le Belad-el-Djérid, se trouve *le pays des dattes*. Le dattier, qui est sans contredit le roi de la végétation du Djérid, produit plusieurs espèces de fruits : la *Dégla,* la *Hora,* la *Hamma* et enfin la *datte de Gabès* (1). La première, dite muscate, est la meilleure. Il en existe deux qualités : l'une très-recherchée que l'on récolte aux mois de janvier et février, l'autre moins délicate qui se cueille à la fin de décembre. Les dattes expédiées en Europe appartiennent aux deux variétés de Dégla. — La hora est moins fine que ces dernières; elle n'arrive à maturité qu'en octobre ou novembre. — Quant au hamma et à la datte de Gabès, elles sont de qualité très-inférieure; les Bédouins en font une pâte médiocre. Celles qui peuvent se manger sont envoyées à Malte

---

(1) *Gabès* ou *Cabès* ou *Kabs,* ancienne *Tacapa,* est une petite ville située à 320 kil. S. de Tunis, sur le golfe de Cabès.

pour le peuple, et le surplus sert à la nourriture des animaux : on les donne aux chevaux, aux chameaux et aux mulets en les mélangeant avec de l'orge ou de l'herbe.

L'habitant du Djérid veille à ses plantations avec la plus grande sollicitude ; il suit avec amour le progrès de ses dattiers et toutes les phases de leur existence depuis le jour où il les a confiés à la terre jusqu'au moment où la vieillesse les rend stériles. Le dattier femelle a ses préférences parce qu'il est le seul qui produise, la nature ne destinant le dattier mâle qu'à la fécondation. Les indigènes secondent l'œuvre d'accouplement au moyen d'un procédé connu déjà du temps d'Hérodote : ils enlèvent, lors de la floraison du mâle, l'une des grappes de fleurs qui ornent sa tête, et attachent ce régime aux rameaux de l'arbre femelle. Il n'en faut pas davantage pour obtenir une magnifique récolte (1). — Après la cueillette des fruits, on les empile dans des magasins pourvus de petites rigoles

____

(1) On a constaté que les fleurs du dattier mâle fécondent les fleurs femelles à plusieurs kilomètres de distance.

où s'écoule le miel distillé par la dessiccation. Quelquefois on les sèche soit au four, soit au soleil, et, ainsi préparées, elles peuvent se conserver dix ou douze ans.

Le terrain de la Régence de Tunis est généralement marneux, avec certaines parties où le sable se trouve plus abondamment mêlé à la marne. — Les côtes, pourvues d'une épaisse couche de terre végétale, sont éminemment fertiles; cette fécondité s'étend sur tout le pays jusqu'aux montagnes du Kef au Sud-Ouest, et le mont Zahouan (1) à l'Est. — Au-delà du Djérid vers Gadamès, on ne trouve plus guère qu'un sol uni et dur, des sables mobiles et quelques collines rocailleuses recélant du sel gemme en très-grande quantité. Ce désert est entrecoupé d'oasis dont l'aspect riant et l'admirable végétation tranchent sur la triste perspective des environs. On y voit aussi de grandes plaines basaltiques hérissées d'amas de roches, avec des pétrifications vraiment remarquables et des troncs d'arbres carbonisés.

(1) Pic superbe d'où l'on découvre sept rangs de montagnes dans la direction du cap Bon.

La Tunisie possède des mines importantes parmi lesquelles il convient de citer le sable aurifère de la Goulette, les gisements d'argent, d'antimoine et autres métaux exploités sur divers points du territoire, le plomb que l'on extrait des montagnes de l'Hamman-Lif et du Djebel-Reças, le fer, le cuivre, le soufre et le tripoli qui existent dans la région du Kef. Enfin, les côtes offrent aux pêcheurs de corail des richesses considérables qu'ils font valoir avec beaucoup de succès.

Du côté du Djérid on rencontre des sources thermales à la température de + 45° ou 50°. D'après M. Henry Dunant, ces sources présentent un phénomène des plus extraordinaires : elles contiennent des petits poissons sans arêtes, sans muscles et sans yeux apparents, qui hors de l'eau chaude meurent immédiatement.—Signalons aussi les sources thermales de l'Hamman-Lif, situées à trois ou quatre lieues de Tunis, et déjà célèbres du temps des Romains qui y avaient établi des thermes dont on voit encore aujourd'hui les ruines. Elles jouissent d'une grande réputation pour les maladies du système nerveux et de l'estomac, l'hypocondrie, les palpitations du cœur, les obstructions, la sciatique, la paralysie, la pierre, la gravelle, les éruptions cutanées et les affections de l'épine dorsale. Ces eaux salines purgatives ont une température de + 60°. Leur analyse y fait constater la présence des carbonates de chaux et de magnésie, quelques traces de fer et du sulfate de chaux. Après concentration, elles donnent comme sels solubles des sulfates et hydrochlorates à base de soude et de magnésie. Exemptes de matières organiques, les eaux de l'Hamman-Lif sont limpides, incolores et inodores, mais avec une saveur fortement salée.

La Tunisie est l'un des plus beaux pays de chasse du monde, elle renferme toute espèce d'animaux : le lion, le tigre, la panthère, le chacal, la hyène, le linx, l'ichneumon, le singe, le sanglier, le mouflon, le renard, le cerf, l'antilope, la gerboise, la gazelle, la loutre, l'autruche, l'arouï, le flamant, la grue, la cigogne, le héron, le cormoran, l'outarde, le pélican, l'aigle, l'épervier, et beaucoup d'autres encore. On y retrouve tous les animaux domestiques que nous élevons en Europe et des moutons d'une race particulière, à larges et grosses queues qui pèsent jusqu'à 20 kilogrammes. En fait de gibier, les disciples de St-Hubert ont la plus belle variété qu'ils puissent souhaiter : lièvres, perdrix, cailles, bécasses, grives, alouettes, courlis, canards sauvages, ortolans, pinsons, pluviers blancs, pluviers dorés, faisans, poules de Carthage, etc., etc.—Les indigènes chassent au lévrier, au faucon ou à l'aide d'un gros bâton, appelé *matraque*, qu'ils lancent contre le menu gibier avec une dextérité surprenante. Autant ils ont peur du lion, du tigre et de la panthère qu'ils laissent vivre et se multiplier dans les montagnes, autant ils se montrent braves en face de la hyène et du chacal, animaux non dangereux qui fuient devant un homme seul, et que l'on peut impunément traiter à coups de pied.

N'oublions pas le chameau, ce fidèle serviteur des populations africaines, si préférable au cheval pour les longues courses et le transport des fardeaux pesants. Avec une charge de 300 kil. il fait 25 ou 30 lieues par jour, se contentant de quelques végétaux coriaces qu'il trouvera sur sa route ou même ne mangeant pas, car il peut se passer de nourriture pendant plusieurs jours et de boisson pendant des mois entiers.—Le chameau est un animal d'excellent profit; outre les services qu'il rend comme bête de somme, il produit le poil dont on fait les tentes, les tapis, certaines étoffes et des cordes. Sa femelle donne un lait estimé. Enfin, quand il meurt, sa peau, sa chair et sa graisse sont utilisées.

Il y a encore le *méhari* ou dromadaire, plus haut et plus maigre que le chameau ordinaire, avec un cou très-allongé, le ventre mince, la bosse peu saillante, les jambes fines et délicates. Sobre, doux, intelligent, il est de beaucoup supérieur au chameau pour la rapidité de sa course. Les mehara sont désignés sous divers noms, suivant l'espace qu'ils peuvent parcourir dans un temps donné. Ainsi, celui qui, en une seule journée, franchit la distance correspondante à deux journées de marche ordinaires s'appelle.......... *Etni.*

à 3 journées............... *Tslâti.*

à 4 journées.............. *Arbâï.*

à 5 journées............... *Khamâci.*
à 6 journées............... *Sedâci.*
à 7 journées............... *Sebâï.*
à 8 journées............... *Tsemânii.*
à 9 journées............... *Tesâï.*
à 10 journées............... *Achâri.*

Dans certaines tribus, le méhari est élevé avec des soins extraordinaires dont les indigènes se transmettent la tradition de père en fils. Voici, entre autres, l'une des méthodes les plus usitées : Aussitôt qu'il est échappé du sein de sa mère, on l'enterre dans le sable jusqu'au ventre afin que ses jambes trop délicates pour le porter ne se déforment point sous le poids de son corps. Il reste ainsi pendant quatorze jours, ne recevant que du beurre pour toute nourriture, après quoi sa véritable éducation commence. On lui apprend à s'arrêter et à se baisser quand son cavalier est tombé, à comprendre les ordres et à obéir sur le champ. Dressé de la sorte, l'animal a acquis une valeur sept ou huit fois plus élevée que le prix du meilleur chameau.

Le mulet mérite aussi une mention spéciale,

car c'est une bête superbe à laquelle on donne souvent la préférence sur le cheval. Et cependant, chacun connaît les qualités du cheval arabe, sa sobriété, sa solidité, sa souplesse, la grâce de ses formes, sa tête intelligente, sa belle encolure, ses jambes fines et long-jointées, sa noblesse et le rang qu'il occupe dans l'affection de son maître. Mais le mulet se recommande par son pied sûr, sa force infatigable, sa vigueur à toute épreuve; on le traite avec autant de soins que le cheval, et les services matériels qu'il rend lui donnent une valeur bien supérieure. Ainsi, un excellent cheval coûte 25 louis, tandis qu'un beau mulet se paie au moins 700 francs.

Nous ne pouvons non plus passer sous silence le bourriquet de Tunisie qui a la taille d'un chien de Terre-Neuve, quoique un peu plus râblé. Il porte gaillardement des fardeaux souvent très-lourds et trottine devant son conducteur sans avoir besoin d'être aiguillonné. Gentille petite bête, bien faite pour nous réconcilier avec la famille de Maître Aliboron.

Les animaux venimeux, tels que la vipère,

le scorpion et le serpent, pullulent dans ces contrées. La vipère n'y est pas plus redoutable qu'en Europe. Le scorpion s'attaque parfois à l'homme, mais, quoi qu'en disent certains guides tunisiens, ses blessures guérissent promptement et il ne pique guère que pour se défendre. Quant aux serpents, dont quelques-uns mesurent jusqu'à cinq pieds de long, ils sont à ce point inoffensifs que toute maison maure quelque peu opulente en possède un. Cela porte bonheur, paraît-il, et le serpent devient la providence du logis. Il est l'objet du respect et des égards de chacun, son dîner est toujours prêt, et quand l'heure du repas arrive, on le voit quitter le trou qui lui sert de refuge, entrer en rampant dans la salle à manger, dévorer sa part et s'en aller. — Voilà, du moins, ce que prétendent les gens du pays. On comprend que nous n'ayons pas tenu à constater la chose par nous-même.

D'innombrables essaims d'abeilles déposent leur miel dans les anfractuosités des rochers ou les excavations des collines. Ce miel sert à la nourriture des habitants qui vendent la

cire et en font l'objet d'un commerce important.

On trouve dans la Tunisie beaucoup de
caméléons, des sangsues, des tortues et des
sauterelles. Ces dernières, tristement célèbres parmi les plaies d'Egypte, sont encore
aujourd'hui l'un des fléaux de l'Afrique.— La
plupart ont la grosseur du petit doigt, d'autres
atteignent le volume du pouce. Elles volent à
de grandes hauteurs par myriades compactes,
et quand elles s'abattent à terre, c'est un
véritable désastre pour la contrée. Plantes et
récoltes, vignes, fruits, feuilles des arbres et
parfois même l'écorce des essences tendres,
tout est dévoré par ces terribles insectes
auxquels la science a donné le nom de *criquets
voyageurs*. Les indigènes et les colons européens emploient tous les moyens imaginables
pour s'en préserver, mais il est rare que l'on
parvienne à les empêcher de se répandre sur
le sol. Il faut alors profiter du moment où la
rosée les engourdit pour faire une chasse active
et enfouir leurs larves profondément. Quelques habitants pauvres mangent ces affreuses
bêtes, d'autres les utilisent comme engrais.

En Algérie, l'autorité accorde une prime aux tueurs de sauterelles, et elle paie un prix fixé par boisseau de larves ou de cadavres.

La pêche est très-fructueuse sur les côtes de la Régence où l'on trouve en abondance des oursins, des cloris, des moules, des crevettes, du homard, du rouget, des sardines, du thon et bien d'autres poissons, notamment l'espèce blanche, dite *de rochers*, dont on se sert pour préparer la *bouillabaisse*. Sur tout le littoral africain on peut se régaler du plat fameux qui à lui seul eût fait la renommée de la Cannebière si, de la Chine au Pérou, chacun n'avait ouï dire que « Paris est un petit Marseille. »

La principale industrie des Tunisiens est celle des chachias. Les *souks* (1) des bonne-

____

(1) Les *souks* servent à la fois de fabrique et de boutique aux commerçants tunisiens. Voici la description très-exacte qu'en a faite M. Léon Michel dans son livre sur Tunis.

« Destinés à être fréquentés durant tout le jour, ils (les souks) « sont couverts d'arcades en briques crépies à la chaux, entretenant « dans le bazar une fraîcheur favorable. Dans les murailles s'ou- « vrent les nombreux réduits où l'on confectionne et où l'on vend. « Mais on se tromperait fort si l'on croyait retrouver à Tunis « les vastes boutiques parisiennes avec leur étalage si bien dis- « posé pour séduire l'acheteur. Le marchand ne provoque nulle- « ment la curiosité du client. La boutique est une simple voûte plus « ou moins profonde, généralement sans devanture et dont les

tiers ou fabricants de chachias sont partagés
en deux étages; dans le compartiment supérieur, un ouvrier carde à la main ou tond
avec de longs ciseaux la laine que les femmes
ont tricotée. — Après ce premier travail, on
envoie les bonnets à Zahouhan et à Tebourba
où ils sont teints et foulés. Dans le compartiment inférieur, le patron donne à la chachia
ses derniers apprêts, il en examine le tissu,
la forme, la couleur, puis il lisse l'étoffe avec
une petite brosse dure. Là encore il dispose

« portes ouvertes laissent pénétrer un jour suffisant surtout pour le
« vendeur.

« La boutique est distribuée diversement, selon les marchandises
« qu'elle renferme, mais elle ne contient d'ordinaire qu'un seul
« genre de produits. Le marchand, accroupi sur une sorte de par-
« quet à un mètre au-dessus du niveau de la rue, semble un portrait
« enfermé dans son cadre. Autour de lui, contre les parois, des
« rayons sont chargés d'étoffes, de vêtements, de récipients à
« essences, selon qu'il est marchand de tissus, tailleur ou parfu-
« meur. Le parquet sert de comptoir, et l'acheteur s'assed sur de
« petits tabourets disposés à niveau du sol sur le devant de la bou
« tique. C'est, on le voit, d'une grande simplicité. Cependant, ces
« échoppes si petites contiennent quelquefois pour des sommes con-
« sidérables de marchandises, et plus d'un commerçant qui dispute
« à sa pratique deux ou trois caroubes de bénéfice possède des mil
« lions et travaille par délassement.

« Certaines boutiques où l'on fabrique sont plus larges et plus
« profondes que celles où l'on vend, et l'on peut pénétrer dans les
« premières en se servant de ses pieds, au lieu de se traîner sur les
« genoux comme chez les revendeurs. »

Ajoutons que cette agglomération de boutiques qui forme un
immense bazar est située dans ce qu'on appelle le *souk,* grande et
large rue, l'une des plus pittoresques de Tunis, et assurément la
plus curieuse pour le touriste étranger.

les énormes ballots à expédier en Turquie, en
Perse, en Egypte et dans tous les pays musulmans, car Tunis a la spécialité (1) de cette
coiffure qui prit un caractère national et religieux lorsque les Orientaux ne conservèrent
que la chachia en adoptant le costume européen.

Les tisserands forment une corporation importante. Assis devant leurs modestes métiers
à la main, ils fabriquent des haïks mélangés
de laine et de soie, ainsi que les voiles destinés aux femmes. Sous leurs doigts, la soie et
l'or se changent en tissus magnifiques qu'ils
vendent à bas prix.

La sellerie est une noble profession exercée
par des artistes bien plus que par des arti-
sans. Ceux qui brodent en or, en argent et en
soie le maroquin ou le velours ne se servent
d'aucun dessin préparatoire, l'inspiration conduit seule leur aiguille, et ils créent véritablement ces ravissantes arabesques qui sont
des merveilles de bon goût et d'élégance.

(1) Il paraîtrait que ce sont les eaux de Zahouan qui donnent au
tissu des chachias leur belle nuance pourpre que l'on n'a pu obtenir
nulle part ailleurs.

Les tailleurs et les chaussetiers occupent non seulement plusieurs galeries des souks, mais encore de nombreuses boutiques dans tous les quartiers de la ville. Ils livrent à un bon marché extraordinaire des marchandises excellentes, et, n'en déplaise à MM. les tailleurs de Paris, on trouve pour 35 francs chez leurs confrères de Tunis, un superbe burnous en drap noir.

Les marchands de meubles sont rares par la raison que tout le mobilier des anciens habitants se réduisait à quelques bahuts aux couleurs vives rehaussées d'or, petites tables en marqueterie, coffrets en bois précieux, miroirs encadrés de nacre. Une natte leur servait de couche, et comme ils ne se déshabillaient que pour le bain, ils n'avaient nul besoin de ces gros meubles qui encombrent nos intérieurs ; un simple coffre suffisait pour conserver leurs vêtements de cérémonie. Mais, avec notre civilisation, les modes occidentales pénètrent en Orient, et presque tous les palais ou demeures mauresques sont aujourd'hui meublés à la française. Malheureusement on n'y rencontre point le choix pur

et la délicate façon de nos meilleurs fabricants. Les Tunisiens en sont encore au style
Empire, sauf pour les lits en fer qu'ils font
ornementer d'après le goût moderne. En
voyant ces objets disparates, on regrette les
beaux tapis et les meubles rechampis qui
seuls, jadis, garnissaient les maisons de Tunis.
N'est-il pas inconcevable que les Orientaux
s'engouent des plus laids produits de notre
industrie à l'époque même où, pour satisfaire
la mode, varier et embellir nos ameublements, nous empruntons à l'Orient ses mo-
dèles les plus recherchés?

Passons au souk des armuriers, mais ne
croyez pas que Tunis possède un *Bezestin*
comme celui de Constantinople. Ici, la boutique de l'armurier, loin de représenter une
réduction du splendide musée de Stamboul,
ressemble à une forge de serrurier. C'est un
assortiment de canons, de crosses et de batte-
ries qui attendent la dernière main-d'œuvre.
Les fabricants tunisiens ne terminent un fusil
que sur commande et après en avoir fait
choisir les diverses parties par l'acquéreur
lui-même. L'assemblage se fait ensuite d'après

la mode du jour, sans cependant s'écarter du vrai type auquel l'armurier oriental doit sa vieille réputation. Le goût arabe s'est conservé très-pur, et malgré l'infériorité de leurs prix (1), les fusils modernes ne sont ni moins bons ni moins beaux que les anciens. — On peut également se procurer d'excellentes lames de Damas montées en poignards, sékines, yatagans, etc., armes supérieurement trempées et qui n'ont à redouter aucune concurrence. Si nos fusils courts à double canon, reconnus meilleurs que les fusils arabes, sont appréciés par les Orientaux, il n'en est pas de même pour les lames de fabrication européenne. Les Anglais, grâce au bon marché, font pénétrer leurs produits un peu partout ; ils ont réussi à introduire quelques aciers de pacotille chez les Arabes de la montagne, mais nous doutons fort qu'ils parviennent à obtenir un succès réel dans ce pays où la solidité des armes est la meilleure sauvegarde de chacun.

(1) Un long fusil à canon extérieurement octogone, avec inscriptions niellées en argent, monté sur bois sculpté, marqueté d'ivoire et de corail, coûte 50 ou 60 francs.

Autant le souk des armuriers est dépourvu d'élégance, autant celui des marchands de parfums est aristocratique. Presque tous les indigènes qui font le commerce des essences précieuses sont des gens riches et très-considérés, aussi leur boutique sert-elle de lieu de réunion à un grand nombre de désœuvrés de la haute bourgeoisie. On se donne rendez-vous dans cette espèce de cercle, on s'y amuse, on cause ; là chacun rencontre un ami, et cesse de s'ennuyer. — Les étrangers ne sont pas moins bien reçus par le marchand de parfums, homme ordinairement instruit, connaissant plusieurs langues, et qui offre volontiers aux Européens le tabac et le café de l'hospitalité.

La corporation des scribes tient également un rang très-honorable parmi les sommités commerciales de Tunis. Leurs nombreuses boutiques se distinguent par l'absence de tout mobilier. Accroupis sur une natte et portant accroché à la ceinture, en guise d'écritoire, un cornet qui contient des plumes, de l'encre et un canif, les scribes attendent que l'on vienne les consulter sur la rédaction d'une lettre ou d'un acte. Leur calligraphie est superbe, bien que pour écrire ils se servent d'un roseau court et fort, taillé comme nos plumes d'oie, mais obliquement et avec un bec plus large.

En dehors de ces « notables commerçants » il existe un grand nombre d'industriels de moindre acabit, tels que les barbiers, les baigneurs, les cafetiers dont nous avons déjà parlé, les menuisiers, les marchands de tapis, de cuirs, de haïks, de tissus, de tentes, de burnous en poil de chameau, d'épices, de tabac, de quincaillerie, et tant d'autres qu'il serait trop long de décrire. Nous devons cependant citer le friturier qui fabrique des *phtères*, sorte de beignets de pâte frits à l'huile et très-délicats, vendus au prix modique de une caroube (1). Il débite également des morceaux d'aubergine, de piment, de légumes passés dans la poêle et qui font le régal d'une foule de pauvres diables. En y ajoutant une tranche de melon ou de pastèque et une tasse de café, les malheureux peuvent ainsi se nourrir à raison de 2 ou 3 caroubes par jour.

(1) La Caroube vaut environ 3 ou 4 centimes de notre monnaie.

Dans l'intérieur de la Régence, quelques grands établissements sont en plein essor de prospérité, notamment les manufactures de draps de Tebourba et de la Gourfa, les fabriques de savon de Souza et de Monastir, les innombrables moulins à huile que l'on voit fonctionner sur le littoral ainsi que dans les régions où l'olivier abonde.

Le commerce des étoffes, des cuirs, des huiles et des céréales amène des transactions considérables avec le Levant, Malte, la Sardaigne, la Sicile et les ports de la Méditerranée. On en fait des exportations qui s'élèvent à un chiffre très-important. Les importations consistent en toute espèce d'articles destinés principalement au négoce européen.

Lors du chargement des navires, Tunis n'est plus qu'une agrégation d'hommes d'affaires ; partout on n'aperçoit que visages ahuris, flairant les spéculations, courtiers et agents s'informant du cours des monnaies, Maures et Juifs à la piste de quelque opération fructueuse. Ce qui a fait dire à l'auteur des *Mœurs et Costumes de tous les peuples* que « c'est une vaste boutique, glorieux domaine

« du *doit et avoir,* de la prime et du report,
« miniature d'Amsterdam , Marseille afri-
« caine, avec une teinte de brocantage beau-
« coup plus prononcée et une couleur de jui-
« verie plus décidée. »

Les monnaies tunisiennes, dont le cours
est très-variable et qui valent tantôt plus tantôt moins, se divisent en pièces d'or, d'argent
et de cuivre, ainsi que l'indique la nomencla-
ture suivante :

Or	*Le Boumya*	valant 100 piastres, ou		60 f.	29
	Le Boukhamsin	»	50 »	30	19
	Le Boucûcherin	»	20 »	12	09
	Le Bouâchera	»	10 »	5	93
	Le Boukhamsa	»	5 »	2	92
Argent	*Le Bouarbâa*	valant 4 piastres ou		2 f.	46
	Le Boutslatsa	»	3 »	1	84
	Le Bourialin	»	2 »	1	23
	Le Bouriel	»	1 »	0	60
	La Nusria	»	1/2 »	0	30
Cuivre	*Le Bourboô*	valant 1/4 de piastre, ou		0 f.	15
	La Boussette	valant un peu moins que 1/2 du bourboô, ou		0	06
	La Caroube	valant à peu près le 1/4 du bourboô, ou		0	03
	L'aspre	valant 1/3 de la caroube, ou		0	01
	Le Fets	valant 1/6 de la caroube, ou		0	005

La mesure de longueur est le *draâ* qui se calcule en prenant l'étendue du coude à l'extrémité de l'index. Les étoffes fabriquées à Tunis se mesurent avec le *draâ àrbi* (coudée arabe) et les étoffes étrangères avec le *draà torki* (coudée turque), peu différent du premier.— Pour les terres et les maisons on se sert du *draà melaki* ou bras de l'ange, c'est-à-dire la longueur des deux bras déployés, y compris le corps, d'un index à l'autre index. — Pour les grains on emploie le *saàh* (250 livres environ), ainsi que d'autres mesures plus petites comme le *temna*, l'*ouïba* et le *kfise*.

V

TUNIS ET SES ENVIRONS

———~~~~~———

Rien n'est magnifique comme le spectacle
dont on jouit lorsqu'on arrive par mer à Tunis.
Si le voyageur a la bonne fortune d'y venir
au printemps, il reste saisi d'admiration en
face des splendeurs du site, de la végétation,
du ciel bleu, des horizons radieux qui s'étalent devant ses yeux. Il se souvient alors que
Tunis est appelée la Glorieuse, la Verdoyante,
le Séjour de Félicité, l'Industrieuse, la Floris-

sante et, plus tard, il conviendra que « lors-
« qu'on a bu une fois de ses eaux ou respiré
« son air, on ne peut faire autrement que d'y
« revenir (1). Jamais cité n'a mieux justifié
ses surnoms, et nous verrons bientôt qu'elle
peut y ajouter encore celui de *El-Chattrah*
(la bien gardée).

Avant de pénétrer dans le golfe de Tunis,
on aperçoit le délicieux village de Sidi-bou-
Saïd, juché pittoresquement sur un rocher
du cap Carthage. Plus loin apparaissent les
ruines de la fameuse cité punique ; mais si
consciencieusement que l'œil interroge le ri-
vage, il ne distingue que des tronçons de
colonnes marmoréennes noircies par le flot,
quelques débris de chapitaux, un pan de muraille incliné. Près de là on voit la chapelle
St-Louis élevée à la mémoire du Roi croisé,
puis la promenade du Belvédère avec ses
plantations d'oliviers. A gauche s'étendent en
amphithéâtre les montagnes de l'Hamman-

(1) Alger et certaines villes de l'Algérie laissent à ceux qui y ont
vécu ce singulier et indéfinissable sentiment dont parle le proverbe
tunisien. Nous-même avons bien des fois souffert de cette espèce de
nostalgie que ni le temps, ni les distractions, ni le travail ne peuvent
calmer tout-à-fait.

Lif, du Djebel-Réças et les pics du Zahouan.
Ici le village de Rhadès où Régulus battit
Hammon, là les riantes collines surmontant
la *Kbira* et la *Massoubia,* monuments sacrés
dédiés à de saintes princesses musulmanes, et
qu'un giaour ne saurait contempler sans péril,
puis le fort Sidi-bel-Hassan qui se dresse au
milieu de mamelons verdoyants, enfin l'entrée
du canal de la Goulette.

Dès que l'on approche, le tableau change :
les fortifications se montrent sous leur aspect
le plus terrible, ce ne sont que murailles per-
cées d'embrasures et canons s'allongeant entre
les créneaux (1). Tout le milieu du canal, qui
sert de jonction entre la mer et le lac salé
derrière lequel Tunis est bâtie, contient de
nombreux navires au mouillage. Cette forêt de
mâts s'étend jusqu'au bout de l'étroit *goulet*
où l'on voit la petite ville de la Goulette (2)
avec son port, sa citadelle bâtie par Charles-

---

(1) Quelques-uns de ces canons, ornés du lion de St-Marc, ont été
offerts au Bey de Tunis par la République de Venise.

(2) En arabe *Alk-el-Oued*. Quelques auteurs prétendent que la
Goulette occupe l'ancienne île *Galatha* ou *Galitha* de Ptolémée, le
Goulon de Pline. D'autres, lui refusant cette haute antiquité, font dé-
river son nom de *Goletta* (petite gueule ou goulot). Les Italiens l'appellent *Goletta di Tunisi.*

Quint, ses douaniers, ses marins, ses soldats montant la garde derrière des châssis mobiles de toile que l'on peut tourner ou incliner suivant la position du soleil.

Tunis se dessine au loin comme une ligne blanchâtre, car la ville est au-delà du lac salé nommé El-Baheira (la petite mer) ou plus communément lac de Tunis. — El-Baheira a plus de quatre lieues de circonférence, mais seulement un ou deux mètres de profondeur, ce qui empêche les navires européens d'y pénétrer à cause de leur fort tirant d'eau. Néanmoins il est couvert de *sandales*, grandes barques aux voiles latines, montées par des Arabes et construites de façon à pouvoir naviguer entre la Goulette et la plage de Tunis. Souvent il y a un tel mouvement sur le lac que l'on croirait assiter à des régates; le coup d'œil s'anime davantage encore quand des troupes de flamants roses, de grèbes, de mouettes, de cormorans et de pigeons sauvages, volant en tous sens, paraissent et disparaissent derrière les voiles.

Il y a deux moyens de se rendre de la Goulette à Tunis : le premier par la traversée du lac El-Baheira, véritable partie de plaisir lorsque le temps est beau, la mer calme, et quand on n'a pas à craindre de rester ensablé au milieu de l'eau ; — le second consiste à prendre la route de terre qui est beaucoup plus longue.

Si l'on fait le trajet par eau, la sandale longe les rivages de la Goulette dépasse le Chikli, petit îlot s'élevant au centre du lac et qu'un fort maintenant abandonné dominait jadis, puis on aborde au quartier de la Marine, situé à quelques centaines de mètres de la principale porte de la ville.

Par la voie de terre, on côtoie El-Baheira en tournant le dos pour un moment à Tunis elle-même, peu après, la Goulette apparaît à gauche, et Tunis se présente assez distinctement. — Cette route est très-animée, car elle mène à la Marse, ancienne résidence de Sidi-Mohammed, frère et prédécesseur du Bey actuel. Mohammed-es-Sadok n'habite plus là, parce qu'il est d'usage que le palais où un souverain a rendu le dernier soupir soit abandonné. Mais si la splendide demeure de Sidi-Mohammed est délaissée, l'aristocratie tuni-

sienne, les seigneurs de la cour, les consuls
étrangers n'ont point renoncé aux charmantes
villas qu'ils avaient groupées à la Marse sur
le bord de la mer. — La circulation est donc
active entre cette ville et la capitale : on ne
voit qu'indigènes allant et venant avec leurs
bêtes de somme, brillants cavaliers, nombreux équipages attelés de deux ou trois
mules, Européens vêtus de toile blanche et
coiffés du feutre ou du petit chapeau de paille,
fonctionnaires et officiers en redingote ou en
tunique, Maures richement costumés allant
faire le *kief* (1) ou se rendant en partie fine à
la campagne. C'est le plus curieux mélange
qui se puisse imaginer.

On entre en ville par la porte de Carthage
(Bab-el-Carthagen), formée d'une triple voûte
à l'arc moresque que soutiennent de fines
colonnettes. D'un côté, elle donne sur la campagne, de l'autre sur le faubourg Bab-el-
Souïka ; sa troisième arcade ouvre sur une rue
garnie de maisons en mauvais état, très-
basses, avec de rares fenêtres étroites et gril-

____

(1) Faire le *Kief* est comme chez nous faire sa sieste.

lées. A droite dans cette même rue, existe un cimetière musulman que la toiture verte d'une kouba signale à l'attention des passants; c'est le tombeau de Sidi-Sfian, comme l'appellent les Maures, le lieu de sépulture d'Aben-Hamet, l'héroïque amant de dona Blanca de Bivar, celui que Châteaubriand a surnommé le dernier Abencerrage (1). Au bout du faubourg on aperçoit les derniers vestiges d'une seconde enceinte de murailles, aujourd'hui démolie, et l'on rejoint la porte de la Marine (Bab-el-Bahar), non loin du débarcadère établi pour les sandales du lac.

Il y a là de vastes places où, tous les jours, se tient un marché qui dure jusqu'au soir. On y voit des gens de toutes nationalités, de tous costumes, Maltais, Français, Italiens, Arabes, Maures partant, arrivant, circulant au milieu des chevaux, des ânes, des mulets, des chameaux. L'animation est telle qu'on ne peut que très-difficilement fendre la foule des

---

(1) Cette race est-elle éteinte ? — D'après M. Léon Michel, il paraîtrait que les Abencerrages se perpétuent en Espagne. Le même écrivain ajoute qu'il a rencontré à Tunis un Français descendant de cette illustre famille.

badauds qui s'entassent autour des boutiques, des dresseurs de singes savants, des jongleurs et des récitateurs. A chaque instant on trébuche contre des individus étendus à terre, et l'on est coudoyé par une foule d'industriels de toute espèce, marchands ambulants, sales, déguenillés, dont le contact n'a rien de séduisant. De nombreux enfants indigènes vont et viennent, portant d'une main un verre de cristal et de l'autre une *gargoulette,* sorte de cruche en terre cuite, aux flancs rebondis, étroite du col et de la base, dans laquelle l'eau se conserve assez froide pour que ces gamins se permettent de crier en arabe : « A la glace! Qui veut boire? » — Ce petit commerce est très-productif, bien que la prudence conseille de ne prendre dans les pays chauds que des boissons tièdes ; mais résistez donc à la tentation quand le soleil darde ses rayons de feu, et lorsque le sirocco se fait sentir!

Le consulat de France est situé *extra muros,* à quelque distance de la porte de la Marine, entre Tunis et le lac El-Baheira. Cette demeure, bâtie pour notre représentant par les soins du Bey, rappelle complètement les hôtels parisiens : elle est décorée avec un luxe vraiment princier, et sauf le patio ou cour mauresque dont on ne peut se passer sous le climat du pays, tout y est aménagé suivant la mode française.

Tunis, formant un carré long qui dessine un peu le croissant, a environ deux lieues de circuit. Elle se divise en quartier franc ou européen, appelé Sidi-Morgiani, en quartier maure et en quartier juif.

Après avoir franchi la porte de la Marine, remarquable par son beau ceintre arabe en pierres blanches sur lesquelles détache la pierre noire symbolique dont nous avons parlé précédemment, on arrive à la place de la Bourse, la plus grande de Tunis. C'est le lieu de rendez-vous des négociants qui achètent, vendent, causent de leurs affaires et transforment le pavé en une sorte de parquet d'agent de change. On y voit aussi beaucoup d'Arabes accroupis devant des tables couvertes de caroubes, et faisant le commerce du change de la petite monnaie.—Là encore stationnent des décrotteurs maltais qui veulent à toute force cirer les bottes du promeneur, et le harcèlent avec autant de ténacité que les petits Biskris de la place du Gouvernement, à Alger, — des fachini qui se disputent le moindre paquet que l'on porte à la main, — et des cicerone désireux d'exploiter une pratique étrangère. Quelques bons coups de canne ou même une simple menace suffisent ordinairement pour vous débarrasser de cette nuée d'importuns.

La place de la Bourse, régulièrement bâtie, possède une double ligne de maisons en arcades qui lui donne certain aspect monumental. Le consulat d'Angleterre construit sur le côté droit de la place interrompt, il est vrai, la symétrie des habitations voisines, mais cette demeure très-gracieuse par elle-même ne nuit pas à l'effet général, et on la cite comme l'une des curiosités de Tunis. — Le quartier franc, qui environne la place de la Bourse, renferme quelques belles maisons, tous les hôtels des consuls étrangers et de nombreux magasins européens. Il s'y trouve pour les ouvriers pauvres des fondouks (1) habités gé-

(1) Nom donné aux caravansérails chez les musulmans de la région

néralement par des Maltais, des Grecs, des Italiens. Dieu sait ce qui doit se passer dans ces arches de Noé où cinquante et soixante familles grouillent misérablement!

De la place de la Bourse partent deux rues conduisant l'une aux galeries des Souks que nous connaissons déjà, la seconde à la Kasbah, c'est-à-dire allant d'un bout à l'autre de la ville. Disons de suite que les rues de Tunis ne portent aucune inscription; cet inconvénient n'existe peut-être plus aujourd'hui, car, il y a peu d'années, il était question de pourvoir les rues de plaques indicatives. Mais, tout récemment encore, leurs noms n'étaient connus que des habitants qui se les transmettaient de génération en génération, et le touriste avait grand'peine à savoir où il se trouvait.

La rue montant à la Kasbah est très-étroite, très-encombrée et très-fréquentée. Le pavé

occidentale. — Les *Foudouks* consistent en une grande cour entourée de bâtiments servant à loger les voyageurs et à abriter leurs marchandises.

On désigne aussi sous le même nom tout endroit fréquenté par un grand nombre d'étrangers.

couvert de détritus de fruits et de légumes en est glissant, et l'on s'étonne d'une telle malpropreté dans Sidi-Morgiani, alors que le quartier maure est parfaitement entretenu. Cela tient, paraît-il, à ce que les Maltais et les Italiens refusent de contribuer de leurs mains ou de leur bourse à l'entretien de la voie publique, tandis que les Maures se soumettent à l'impôt de voierie. Le passage en cette rue n'est pas sans péril, et l'on risque mille fois de tomber sous les pieds des hommes ou des animaux; en effet, à chaque instant on donne du nez contre un djemel au long cou, à la face épatée, à la babine pendante. S'il était seul, on n'aurait rien à redouter, parce que le chameau n'écrase personne; il redoute tellement de se faire mal qu'il applique toute son attention à ne frôler ni un homme ni la muraille, il est hésitant et le moindre obstacle l'arrête. Mais on a souvent pour vis-à-vis un cheval, un mulet dont il faut se garer, ou un arcadien que l'on écarte d'un revers de main. Cette perpétuelle inquiétude, augmentée par les zigzags de la voie qui ne laisse toujours qu'un horizon très-court, est fort gênante pour examiner les détails que l'on voudrait étudier, comme, par exemple, les arcatures étroites s'élançant d'une maison à l'autre et les constructions placées au-dessus de la rue même qu'elles coupent en formant voûte.

A droite et à gauche s'ouvrent des impasses de un ou deux mètres de largeur, bordées d'habitations mauresques blanchies à la chaux avec de petites fenêtres carrées à grilles ou à moucharabys. Les portes sont ornées de clous dessinant quatre croix et quatre croissants, ainsi placés pour chasser le mauvais œil ; la main aux cinq doigts étendus s'étale sur la clef de voûte. — Assurément le précepte « Cache ta vie ! » ne saurait être mieux mis en pratique que dans ces demeures où l'œil indiscret ne peut plonger. Il ne faut pourtant pas les juger toutes sur leur apparence du dehors, car l'intérieur est souvent d'une grande richesse, et la disposition du logis, bien qu'il n'ait qu'un étage, se prête amplement aux besoins de ceux qui l'habitent. Chaque maison possède non seulement sa cour, son puits, sa citerne pour les eaux pluviales, ses conduites par lesquelles les eaux grasses se déversent dans les égouts creusés sous la rue, mais encore des appartements appropriés aux goûts et aux mœurs des indigènes, ainsi qu'une terrasse où, le soir, on vient de jouir des brises de la mer.

La rue, en se prolongeant, sort du quartier franc et donne accès au quartier arabe ; elle traverse la grande place du Dar-el-Bey, palais de ville du souverain, non habité par Mohammed-es-Sadok, mais où Son Altesse reçoit les ambassadeurs et préside aux grandes cérémonies. — Ce palais, construit par le Bey Hamouda, passe pour le plus beau type d'habitation princière de style mauresque. La cour est pavée en marbre blanc, tout autour règnent des arcades de marbre blanc et noir soutenues par seize colonnes torses également en marbre. Les portiques à plafonds polychromes sont couverts de fleurs, de rinceaux et de lacs bleus, verts, rouges et or, remplis de finesse et d'élégance. Au-dessous on admire des arabesques merveilleusement fouillées, aussi délicates qu'une broderie de dentelle et non moins remarquables, dit-on, que celles de l'Alhambra. Les salons, la salle à manger, la salle du conseil des ministres, la grand'chambre du Conseil suprême sont splendides ; on y voit de belles gravures reproduisant les tableaux de Léopold Robert ou représentant des sujets bibliques et historiques, notamment les batailles de Napoléon Ier. Partout ce ne sont que glaces et arabesques enchâssées dans des baguettes en or fin (1), parois de marbre blanc, légères colonnes d'albâtre, plafonds à pans inclinés et coupoles octogones déchiquetées comme de la guipure. Citons encore le salon où le Bey se tient pendant le temps du Ramdhan ; il est presque entièrement en cristal et permet de voir au dehors sans être vu.

Après avoir quitté le Dar-el-Bey, on gagne la place de la Kasbah justement célèbre par son magnifique caractère oriental. Au milieu de ruines romaines et sarrasines s'élèvent des palmiers, des figuiers immenses, des fontaines abritées par de ravissants portiques aux colonnes de marbre blanc. Sur l'un des côtés on aperçoit une mosquée qui imite l'ar-

(1) On prétend que cet or provient de la fonte des Séquins pris à Venise.

chitecture de la cathédrale de Séville, ses damiers, sa marqueterie et ses tourelles, puis, au fond, se dresse la redoutable et colossale forteresse.

La Kasbah renferme de nombreux monuments des premiers rois de Tunis, quelques tours couvertes de sentences du Koran, d'ornements, de sculptures et d'arabesques, diverses constructions datant de Charles-Quint, de vastes salles garnies des trophées d'armures enlevées aux Espagnols pendant les grandes guerres avec l'Europe, une fonderie de boulets et une poudrerie où règne l'ordre le plus parfait. — C'est une véritable ville percée de cours, de voûtes, d'arcades, de galeries où l'on se perdrait sans l'assistance d'un guide. Du haut des plates-formes on domine toute la cité : Tunis qui, sans s'élever en amphithéâtre, est cependant bâtie sur un plan incliné, apparaît éblouissante avec ses murailles crénelées, ses palais, ses terrases blanches, ses minarets gris, ses mosquées (1) et ses mara-

(1) Au commencement du XVIIe siècle, Tunis possédait trois cent cinquante mosquées.
(M. Henry Dunant, *Notice sur la Régence de Tunis*).

bouts aux coupoles vertes. On reconnaît successivement la grande mosquée Djem-el-Kébir, remarquable par son étendue, son style, ses marbres, ses dentelles de pierre,—la Turba qui sert de sépulture à la famille régnante, — puis encore la mosquée Djem-ou-Zitoun. Au loin, le cap Carthage, le village de Sidi-bou-Saïd, le Bardo, les aqueducs de Zahouan, les fraîches oasis de la Manoubia, les montagnes dont la cime se perd dans le ciel d'un bleu indescriptible. Ici le fanatique faubourg musulman de Bab-el-Djzira, là le quartier juif, la ville franque et le faubourg Bab-es-Souïka, panorama superbe où l'on se sent en plein Orient. —Le dimanche, les consuls font hisser leurs pavillons, et tout Sidi-Morgiani se pavoise. Le vendredi, jour sacré de l'Islam, des drapeaux aux couleurs de l'Etat flottent sur les mosquées, les monuments publics et les palais du Bey. Tunis offre alors un coup d'œil féerique.

La ville Maure est un vrai labyrinthe de fondouks, de souks et de bazars où se vendent tous les produits tunisiens et orientaux.

Nous ne reviendrons pas sur les détails que

nous en avons déjà donnés, disons seulement qu'il y a peu de rues larges. La plupart, étroites et tortueuses, forment des passages voûtés obscurs et boueux où les voitures ne peuvent circuler. Sur plusieurs points les maisons restent dans un état déplorable, et les rues sont désertes; ailleurs, au contraire, l'animation est très-grande et l'on trouve d'élégantes habitations bâties sur portiques. La seule uniformité réside dans le système de constructions à un étage percé de rares fenêtres grillées ou garnies de moucharabys.

Quant au quartier juif, c'est un amas de ruelles étroites, incorrectes et dépourvues de perspective. Les maisons, placées au hasard, sans alignement, avancent leurs angles ou surplombent directement la voie, ne laissant pour circuler que des arcades sous lesquelles un cavalier ne peut passer sans se froisser contre les murs. Malgré l'exiguité des ruelles, une foule turbulente et affairée s'agite au milieu de gamins jouant devant les portes, de juives énormes marchant avec peine, suant et soufflant sous le poids de leur embonpoint. On n'entend que le brouahah de tous

ces enfants de Jacob qui s'interpellent, disputent, causent et rient. Dans les maisons, la
marmaille fait un tapage infernal et les matrones babillent à qui mieux mieux. Des jeunes femmes se tiennent sur le seuil de leur
demeure, provoquant les passants du regard,
du geste et de la voix ; d'autres, déjà mères à
11 ou 12 ans, présentent à de pauvres petits
êtres chétifs un sein flasque et vide de lait ;
d'autres aussi, qui n'ont point la noble excuse
du devoir maternel, étalent sans vergogne
leur buste nu jusqu'à la ceinture—En somme,
vilain quartier où l'on ne voit que des choses
peu ragoûtantes.

Il nous reste à parler de la Marse, du Bardo,
de la chapelle St-Louis et de Carthage dont il
est impossible de ne pas dire quelques mots
en s'occupant de Tunis. Nous aurions voulu
décrire aussi les ruines d'Oudna ou Udine,—
celles d'Utique où Caton-le-Jeune se donna la
mort,—l'immense aqueduc de Mateur reliant
deux montagnes par trois rangs d'arches
superposées d'une élévation prodigieuse, — le
Kef, célèbre par ses lions, ses ruines, ses
eaux courantes, ses vallées boisées de lauriers

roses;—les ruines de Celma,—les temples de Thugga érigés en l'honneur d'Antonin-le-Pieux,—les restes de Haïdra, l'ancienne Tynidium,—de Suffetula ou Sbeitla,—de Nefta (la Negéta de Ptolémée), admirablement située au milieu de bois d'orangers, de citronniers et de palmiers. — Plus loin, sur la frontière de Tripoli en face de l'île de Djerba, Zarzis, où l'on voit encore la *Tour des Crânes,* construite avec les crânes des vingt mille Espagnols du prince Doria et du duc de Medina-Cœli qui, sous le règne de Philippe II, étaient venus attaquer Tripoli et Djerba. — Dans une autre direction, El-Jem, l'ancienne Tysdrus, remarquable par son amphithéâtre qu'éleva Gordien-l'Ancien. Ce bel ouvrage, qui pouvait avoir cent pieds de haut, s'étageait en quatre rangées de soixante arcades et de colonnes superposées.—Puis encore Kairouan, la troisième ville sainte après La Mecque, célèbre par son ancienne importance historique, et où l'on admire une magnifique mosquée ornée de cinq cents colonnes de granit et de marbre précieux vert, rouge et jaune. — Zahouan, délicieuse ville mauresque, entourée de jardins, de bosquets et de sources d'eaux vives. Dans le voisinage se dressent les ruines d'un immense aqueduc, long de vingt-cinq lieues environ, qui amenait à Carthage les eaux de Zahouan. Cette gigantesque construction, attribuée à l'empereur Adrien, est l'une des œuvres les plus grandioses de l'antiquité; quelques centaines d'arches subsistent encore, leur hauteur atteint parfois quatre-vingts pieds, et leurs colonnes peuvent mesurer de seize à dix-huit pieds carrés. Près de là existait un temple dédié à la Nymphe des eaux, et dont les arcades reposaient sur trente colonnes corinthiennes de quinze pieds de haut.

Peu de contrées offrent autant de merveilles à contempler, et rarement un pays possède d'aussi précieux souvenirs de la période antique. Nous avons omis bien d'autres localités intéressantes, mais une excursion dans toute la Tunisie nous demanderait un temps considérable et dépasserait le cadre de cet ouvrage; nous préférons donc limiter nos descriptions aux environs immédiats de Tunis, à ceux dont l'existence se lie intimement à la capitale.

Citons en passant la Mohammédié, située à deux lieues de Tunis, ancienne résidence des Beys et possédant un palais maintenant abandonné par suite de l'usage qui veut qu'on laisse s'en aller en poussière toute habitation où meurt le souverain. C'était jadis une petite ville assez peuplée. On avait trouvé sous les fondations du palais de nombreux tombeaux d'Evêques de la Carthage du Bas-Empire et beaucoup de monnaies romaines.

La Marse, autre résidence également délaissée depuis la mort du Bey Sidi-Mohammed, présente une agglomération de palais, de jardins et de ravissantes maisons de campagne appartenant aux consuls européens, aux seigneurs de la cour et aux riches habitants de Tunis. Elle est située à 12 kilomètres de la ville. Le palais, que le feu Bey se fit construire quand il n'était encore qu'héritier présomptif, est remarquable par sa belle façade, son pavillon en saillie sur le premier étage et sa grande porte ceintrée. On avait réuni dans cette demeure tout ce qui pouvait l'embellir et charmer les hôtes du prince. Ceux qui ont parcouru ce domaine au temps de sa splendeur n'ont certainement pas oublié les petites gazelles familières qui se jouaient sur le dallage en marbre blanc de la grande cour, ni les oiseaux rares qui y vivaient en liberté, ni la magnifique fontaine d'albâtre à trois bassins superposés que l'on admirait au centre du patio. Partout ce n'étaient que fines arabesques, mosaïques, vitraux, riches tapis et draperies de luxe. Des massifs d'orangers, des bordures de cactus, des haies épaisses de hauts géraniums donnaient au parc un aspect tout-à-fait asiatique. — En contemplant La Marse, on ne peut s'empêcher de regretter l'abandon de ce palais élevé par un homme de goût au milieu de champs fertiles, de bois d'oliviers, de bosquets, de prairies, de vergers qui font de cette oasis le plus ravissant séjour.

Pour se rendre au Bardo, on sort de Tunis par le faubourg Bab-es-Souïka et la porte Bab-el-Aly-ben Zouaouaï.—La route est très-fréquentée, car, toute la journée, de nombreux fonctionnaires se rendent à la résidence souveraine soit pour converser avec Son Altesse, soit pour entretenir les Ministres qui habitent au Bardo. Une foule d'équipages,

dont quelques-uns traînés par trois mules de
front, d'autres voitures plus modestes, voire
même de simples coupés à un cheval, vont et
viennent entre Tunis et le palais Beykal, croisant de brillants cavaliers et d'humbles cam-
pagnards qui regagnent la plaine après avoir
apporté leurs approvisionnements aux fondouks ou aux marchés de la ville. Parfois on
rencontre le carrosse rose et or du Bey : c'est
une voiture à six places, avec panneaux peints
et magnifiques tentures ornées de broderies
et de crépines d'or. L'attelage se compose de
huit mules; les cochers, piqueurs, valets de
pied portent la livrée en drap bleu clair sou-
taché d'argent.—Le long du chemin, partout
où il y a un scrupule d'ombre, des groupes
d'indigènes sont nonchalamment couchés, les
uns endormis, les autres contemplant l'azur
du ciel avec une sorte de béatitude. Ce mélange de costumes de différentes couleurs, cet
amalgame d'hommes, de femmes, de riches,
de pauvres, de luxe, de misère, de propreté,
de saleté, de véhicules, d'ânes, de chevaux,
de mulets, de chameaux forment un tableau des
plus pittoresques et bien digne de la palette

de Fromentin, de Marilhat ou de Decamps.—
Tout auprès, se trouvent plusieurs *bordj* ou
fortins abandonnés dont les nombreuses embrasures, quoique dépourvues de canons,
attestent qu'au besoin le Bey de Tunis pourrait recourir à l'argument préféré de son
« bon frère » de Prusse, à *l'ultima ratio regis*
de l'Empereur Guillaume.

Après avoir dépassé un vaste aqueduc
construit par les Espagnols, on arrive au
Bardo qui, à l'arrière, à droite et à gauche,
est flanqué de fortifications imposantes. Une
plate-forme armée de couleuvrines et gardée
par un poste de soldats précède l'édifice. En
face de la porte d'entrée s'élèvent deux ter-
tres, l'un surmonté d'une fontaine où les
cavaliers font boire leurs montures, l'autre
destiné aux exécutions par le sabre des Maures
condamnés à la peine capitale.

A Tunis, on applique la peine de mort de
différentes manières, suivant la nationalité
ou la caste des criminels ; ainsi les Turcs et
les Koulouglis, descendants des anciens esclaves, sont étranglés dans l'intérieur de la
Kasbah, — les Maures ont la tête tranchée,

— les Marocains et les Zouaouas ou Kabyles sont pendus, — les militaires sont fusillés.

Aucun témoin n'assiste à la strangulation, considérée comme le supplice le moins infamant. Quatre exécuteurs, dont deux à la droite du condamné et deux à sa gauche, lui entourent le cou d'une corde fortement savonnée qu'ils tirent en s'aidant des pieds et des mains jusqu'à ce que mort s'ensuive.

Les décapitations se font avec plus d'appareil : dès que le patient est amené sur le lieu du supplice, il demande pardon à Dieu et aux hommes du crime qu'il a commis, et les assistants répondent tous ensemble : « Esmaâh! » (nous te pardonnons !), puis on lui bande les yeux. Deux exécuteurs se tiennent à sa droite et à sa gauche; celui de droite pique au bras le condamné qui instinctivement tourne la tête de ce côté, et l'exécuteur placé à gauche profite du mouvement pour opérer la décollation d'un coup de yatagan. Tant de précautions sont inutiles, car le Maure ne redoute point le trépas, il se livre au bourreau d'un air gai et avec l'insouciance d'un homme pétri de fatalisme. L'espoir d'entrer au paradis le rend presque heureux de quitter ce monde, aussi ne le voit-on jamais défaillir. — Les Musulmans arrachent par lambeaux le vêtement du supplicié et croient que la possesion d'un morceau, si petit qu'il soit, doit porter bonheur. C'est absolument comme chez nous pour la corde de pendu.

Jadis, les femmes condamnées à mort étaient promenées par toute la ville, assises au rebours sur un âne, puis enfermées dans un sac et jetées à l'eau. Mais le lac où on les précipitait n'ayant presque pas de profondeur, il fallait enfoncer le corps avec des perches et le maintenir sous l'eau pour que l'asphyxie pût être complète. Actuellement ce supplice n'est plus en usage ; on l'a remplacé par un bannissement aux galères de l'île Kerkéna, dans le golfe de Gabès.

Jusqu'aux premières années de notre siècle, les Juifs furent brûlés vifs. M. Henry Dunant rapporte qu'à la suite de l'exécution du dernier Juif condamné au bûcher, en 1818, une effroyable peste désola le pays, et que la superstition populaire ayant attribué le fléau à la mort du malheureux israélite, on n'osa plus appliquer ce genre de peine. Nous aimons mieux laisser le mérite d'une aussi louable réforme à l'esprit de sagesse de Othman et de Hussein-Bey qui régnaient à cette époque ; nous croyons donc qu'ils on aboli le supplice du bûcher, non pas sous l'influence de la panique dont parle l'auteur précité, mais en obéissant à leurs propres sentiments.

Certains criminels condamnés à la bastonnade sont frappés avec un nerf de bœuf sur la plante des pieds, le dos et la poitrine. L'arrêt fixe le nombre de coups qui devront être appliqués au patient. Généralement la peau se déchire sous le cinquième ou le sixème coup, et le supplice devient intolérable quand, faute d'argent, on n'a pu acheter la complaisance du bourreau. Une condamnation à mille coups, de bâton équivaut à la peine de mort, attendu qu'il est rare qu'un homme puisse supporter ce terrible châtiment ; cependant on en a vu qui guérissaient après avoir reçu les mille coups sans aucun ménagement.

Autrefois on coupait le poignet aux voleurs, par application d'un article du Koran ainsi conçu : « Quant au voleur ou à la voleuse,

« vous leur couperez les mains comme rétri-
« bution de l'œuvre de leurs mains, comme
« châtiment venant de Dieu (1). » On trem-
pait ensuite le moignon dans du goudron brûlant. La main détachée était suspendue au
cou du voleur, et l'on promenait le coupable
assis au rebours sur un âne. — Maintenant,
et sauf de rares exceptions, les voleurs sont
enfermés à la Karaka ou galère de la Goulette.

Il y a peu d'années (peut-être cet usage
existe-t-il encore actuellement), le meurtrier
pouvait sauver sa tête en offrant aux parents
de sa victime la *dïa* ou prix du sang. La dïa
consistait soit en une grosse somme d'argent,
soit dans la remise d'un nombre considérable
de chameaux ; elle variait, d'ailleurs, selon les
individus, les régions et les circonstances qui
avaient accompagné le crime. Si le meurtrier
justifiait de son droit de légitime défense, la
dïa n'était pas due, et si, d'autre part, la famille ayant droit au prix du sang refusait
toute réparation amiable, justice suivait son
cours.

(1) Sourate *La Table*, verset 42.

Le Bardo n'est pas seulement un immense palais habité par le Bey, les ministres et les grands officiers de la couronne, il ressemble à une petite ville et renferme de nombreuses dépendances, des annexes de toute sorte, un bazar tenu par des musulmans, des juifs et des chrétiens, un hôtel des monnaies, les prisons de l'Etat, ainsi que de vastes terrains situés en deçà de l'enceinte fortifiée. On pourrait construire sur ces espaces libres une vingtaine de grands édifices.

Après avoir franchi la poterne de la principale entrée, on trouve toute une enfilade de cours intérieures, de chemins ou rues, de patios, de vestibules, de galeries où l'on se perdrait infailliblement si le *Bac-Bawouab* (portier en chef) ne vous faisait accompagner par un *Khredime* ou valet de pied.—Les fenêtres donnant sur rue et dans les cours sont grillées à mailles serrées ou garnies de moucharabys en bois découpé et revêtus de couleurs vives. Les portes, les voûtes, les murs, les ceintres sont couverts de marbres aux teintes variées, de mosaïques de faïence et d'arabesques.—Après avoir passé devant le palais du premier ministre, remarquable par son vestibule à quatre arcades venant se rejoindre en un point central, on traverse la cour du harem, où les eunuques noirs fument paisiblement la cigarette, puis on entre dans la cour de Lions qui précède le logis de Son Altesse.

Cette cour est l'une des plus belles que l'on puisse voir; sa disposition permet d'admirer la magnifique façade qui est du style moresque le plus pur, ainsi que les coupoles élancées, le pérystile couvert en tuiles vertes et soutenu par de fines colonnettes de marbre avec rinceaux déchiquetés à jour.

Un majestueux escalier, dont les marches se terminent par des lions en marbre de Florenée, donne accès aux portiques revêtus d'azuléjos, de peintures et de décorations merveilleuses. A droite et à gauche règne une galerie conduisant aux ministères; en face s'ouvrent le vestibule et la patio.

Au milieu de cette vaste salle garnie de candélabres et de riches divans existe une fontaine en albâtre, à double vasque, susmontée d'un toit incliné que supportent des colonnes de marbre reliées entre elles par

des ceintres découpés comme une dentelle.
Là se pressent des gens de toutes conditions,
fonctionnaires portant le ruban rouge et vert
du Nicham-Iftikhar (ordre de l'honneur),
magistrats en redingote noire et cravate
blanche, officiers de l'armée régulière, chefs
des troupes irrégulières, sujets tunisiens de
diverses castes, orientaux, occidentaux,
étrangers en quête d'impressions de voyage,
et un nombre prodigieux d'Arabes plus ou
moins vêtus qui sommeillent sous les arcades
ou contemplent avec indifférence les personnages de marque.

A droite du patio se trouve la chambre de
justice dont la coupole est chargée d'arabesques dorées sur fond rouge. — A gauche est
la salle des gardes, tapissée de panoplies, de
selles, d'étendards, et d'où l'on pénètre dans
le salon réservé aux assemblées religieuses
que préside le Bey.—La grande porte du fond
mène au sérail : on traverse les galeries, les
boudoirs, les salles à manger, les bains, les
chambres à coucher sans que l'œil se lasse
d'admirer l'originalité des ameublements, la
délicatesse de l'architecture moresque, les co-

lonnettes, les vitraux, les peintures, les mosaïques, les ornementations en plâtre fouillé
au ciseau, et mille choses éblouissantes de
splendeur et de perfection.

La grande salle à manger, tendue d'étoffes
bizarres à fond rouge et bleu rayé de jaune,
est garnie de coussins et de divans en toile
d'or; on y remarque un plafond et des vitra-
ges d'un luxe inouï.—Le salon d'apparat, con-
tigü à la salle à manger, est disposée à l'européenne : les murs couverts de velours brodé
d'or supportent de magnifiques portraits
grandeur naturelle, entre autres ceux du roi
Louis-Philippe en tapisserie des Gobelins, de
Napoléon III d'après Winterhalter, de divers
souverains d'Europe, des princes de Tunis et
le portrait du Bey, ces derniers dus au pin-
ceau d'un artiste français, M. Moynier, pein-
tre ordinaire de Son Altesse. Les tapis de
Perse, la coupole bleu et or à laquelle est
suspendue une lampe d'or en forme de porte-
voix, des consoles Louis XV, des porcelaines
de Sèvres, des pendules rocaille, des fauteuils
dorés, des ottomanes, des divans en velours
ou en soie font de cette salle de réception une

merveille de luxe et de richesse. — Le salon du baise-main, qui sert en même temps d'appartement privé pour le Bey et qui communique avec le harem, est orné d'un plafond du plus élégant travail. Des glaces encadrées de nacre, des bahuts précieux en complètent la décoration. — A côté se trouve la salle du Conseil des ministres, assez petite mais fort curieuse avec sa galerie de portraits des sultans de Constantinople peints, il y a plusieurs siècles, par des artistes arabes.

Nous ne parcourrons pas les innombrables koubas, maxoures, cabinets de toute sorte qui constituent le sérail; partout ce sont les mêmes tissus rares, divans pour le kief, tabourets et coffres incrustés d'or, de nacre et d'ivoire, panoplies d'armes, trophées de pipes, étagères chargées de poteries. Disons seulement que, au Bardo comme à La Marse, la plupart des salons sont ornés de gravures représentant les victoires de Napoléon Ier.

Quelle leçon, pour nous Français, de voir Tunis conserver à la mémoire de l'Empereur ce culte admiratif, alors que, dans notre propre pays, l'esprit de parti cherche à rendre méprisable celui qui fut surnommé « le Grand » et qui mérita d'être comparé à Alexandre, à César et à Charlemagne. Pour satisfaire leur rancune ou leurs ambitions, certains fantoches politiques voudraient effacer de nos annales l'œuvre du premier Empire qu'ils osent appeler une légende. Mais l'histoire est un granit qui résiste aux outils les plus puissants, et on ne l'entame pas aussi facilement que les emblèmes gravés sur nos édifices publics. Les démagogues peuvent *déboulonner* la colonne de la Grande-Armée, ils peuvent même restituer aux Prussiens de 1871 le bronze des canons d'Iéna. Ces infamies restent l'opprobre de ceux qui les ont commises, et, loin de ternir en quoi que ce soit l'éclat du règne de Napoléon Ier, elles ajoutent encore, s'il est possible, à l'auréole de son génie. Renier nos gloires d'une autre époque, répudier le plus grand capitaine français des temps modernes lorsque la France gît encore sous le talon du vainqueur qui vient de la démembrer, après l'avoir rançonnée, pillée, brûlée, dévastée, n'est-ce pas une entreprise inerte et criminelle? — Voilà pourtant ce que l'on voulait obtenir du peuple « le plus spirituel de la terre »; voilà ce qu'ont tacitement approuvé des hommes qui aspirent à prendre en mains les destinées de notre pays !—Abandonnons ces tristes pensées, espérons pour l'honneur et le bonheur de la France son retour aux vieilles traditions, aux solides principes qui la rendirent jadis si prospère et si puissante. Souhaitons-lui un peu moins d'esprit, mais beaucoup plus de sagesse, de sens commun et de vrai patriotisme.

Nous sommes persuadé que nos bons amis les Tunisiens s'associent à ce vœu, et nous n'en voulons pour preuve que la vénération dont ils entourent le souvenir de Louis IX. — M. Léon Michel rapporte que la statue du saint roi fut portée sur le plateau de Byrsa par un bataillon de soldats musulmans. En effet les Islamites de la contrée croient que Sidi-Bou-Saïd (*le père du bonheur*), marabout enterré près de là et qui a donné son nom à un petit village des environs, n'est autre que St Louis qui, selon eux, se serait fait musulman avant de mourir. « Voilà,—ajoute notre « auteur,—une version que n'admettrait pas

« Rome ; cependant elle est toute favorable à
« Louis IX, car elle attribue au saint roi une
« double béatification. »

La chapelle St-Louis, bâtie sur un terrain
concédé à la France en août 1840 par les
Beys de Tunis, occupe l'emplacement où l'on
présume que mourut le roi croisé. Elle fut
érigée par Louis-Philippe en l'honneur de son
illustre ancêtre.—Vue de loin, cette chapelle
paraît assez gracieuse, mais lorsqu'on la regarde du plateau même où elle se trouve,
l'aspect laisse beaucoup à désirer à cause de
son architecture mêlée de gothique et de style
moresque. Il est regrettable que l'on n'ait
pas adopté l'un ou l'autre genre exclusivement, car l'édifice y eût considérablement
gagné, surtout dans sa position au sommet
d'une colline. La chapelle, de forme octogone
avec portail ouvrant du côté de la mer, est
construite en une sorte de pierre blanche,
dite marbre de Soliman ; elle repose sur une
plate-forme circulaire à laquelle on monte par
six marches établies sur tout le pourtour.
Ses fondations s'appuient, dit-on, sur les bases d'un temple d'Esculape, d'autres préten-

dent que c'est un palais de Didon qui existait à cette même place. Dans l'intérieur on remarque la statue de St Louis par Seurre, quelques arabesques sur les murs, ainsi que des vitraux au monogramme de St Louis et au chiffre de Louis-Philippe, alternant avec des fleurs de lys. Le monument est entouré d'un jardin parfaitement entretenu par les soins du chapelain et du concierge qui y habitent. Ce dernier consacre ses loisirs à la découverte d'antiquités puniques et romaines. Il est parvenu à fonder un petit musée d'objets tels que mosaïques, lampes, vases, vieilles monnaies, bas-reliefs, statues, fresques, etc., qu'il vend aux touristes.

De la chapelle Saint-Louis on n'a qu'à descendre la colline de Byrsa pour arriver à l'emplacement où fut Carthage. Le sol n'offre aucun édifice entier hors de terre, ni colonne debout, ni cirques, ni théâtres, ni temples; mais le terrain est jonché des débris les plus précieux, et les vagues de la mer battent des colonnes de marbres polychrômes, des mosaïques en lapis-lazuli, jaspe, opale, vert, rouge, jais, porphyre. Dès qu'on fouille le sol,

on rencontre les plus admirables richesses
archéologiques, et il n'est pas rare de découvrir de grandes mosaïques superposées l'une
sur l'autre, ou séparées par des couches de
terre végétale, de sable, de pierres qui sem-
blent indiquer que ces restes appartiennent à
des époques différentes. — L'esprit s'afflige
en face de cette perspective désolée où tout a
disparu jusqu'aux ruines elles-mêmes. C'est
bien là le *delenda est Carthago* rêvé par Scipion; mais ce que n'avaient pu faire les Romains, Hassan-le-Gassanide l'accomplit à la
tête des Arabes conquérants. Onze siècles ont
passé sur les ruines de Carthage, et les débris de ses édifices, transportés souvent à des
distances énormes, servirent à la construction d'autres villes et d'autres monuments.
Tunis est bâtie presque entièrement avec les
ruines de cette cité dont la fatalité a voulu
qu'il ne restât pas pierre sur pierre; la cathédrale de Pise a été construite avec les marbres de Carthage; les Génois y sont venus
prendre aussi les matériaux dont ils avaient
besoin pour leurs palais et leurs églises. Aujourd'hui encore, dès qu'un archéologue met

à découvert quelque pan de mur souterrain, il a, comme le dit M. Léon Michel, « un arabe « derrière lui pour le surveiller et, le lende- « main même, le pan de mur a disparu, em- « porté par les bêtes de somme du musul- « man avide de belles pierres toutes taillées.»

A part dix-huit citernes, formant un square oblong qui, d'après M. Henry Dunant, mesure 450 pieds de long sur environ 120 de large, le touriste ne trouve presque rien à explorer; il ne peut même plus, comme Marius, se re- poser sur les ruines de Carthage. — Néan- moins, il est hors de doute que des fouilles habilement pratiquées par des hommes d'ac- tivité et d'expérience donneraient maintenant encore des résultas magnifiques. Cela est at- testé par les nombreuses et splendides dé- couvertes dont l'honneur revient à sir Gren- ville Temple, au chevalier Falbe et à M. Da- vis. Chaque jour, les habitants du pays trou- vent d'admirables fragments de statues, des mosaïques, des vases, des bustes, des têtes de divinités, des sujets allégoriques et une foule d'objets du plus grand prix. Aussi regrettons- nous que nos sociétés savantes négligent d'envoyer à Tunis des délégués avec mission de recueillir quelques épaves de la vieille cité punique et d'en explorer le sol. Ces débris, perdus pour l'art et pour la science, jette- raient certainement un jour nouveau sur l'his- toire des civilisations disparues.

VI

ÉPILOGUE

—

Au moment de quitter Tunis, l'étranger rassemble ses souvenirs et s'abandonne à une émotion pleine de charmes et de regrets. Tout ce qu'il a vu lui revient délicieusement à la mémoire comme un rêve des *Mille et une nuits*. Il voudrait rester sur ce coin de terre si curieux, si intéressant, et où il y a tant à étudier; il craint de n'avoir pas tout observé, il maudit la nécessité qui le rappelle dans sa patrie. Que lui importent maintenant le bitume du boulevard des Italiens, l'air empesté de Paris, son ciel gris, ses hontes, ses mœurs et l'éternelle comédie qui s'y joue?

Écoutons M. Léon Michel parlant des tristesses du départ; nous ne saurions mieux dire, ni exprimer plus exactement notre pensée :

« Le lendemain, nous allions quitter le
« pays, et cela nous affligeait. En arrivant,
« nous avions été péniblement impressionné :
« un sentiment de terreur s'était produit en
« nous à la vue de cet Orient farouche que
« nous n'avions pas même rêvé. Sur le point
« d'abandonner ces lieux, après avoir reconnu
« notre erreur des premiers moments, nous
« soupirions.

« Durant notre séjour, nous nous étions
« peu à peu accoutumé à ces mœurs nou-
« velles pour nous, et l'aspect peu rassurant
« de Tunis ne nous effrayait plus. Nous
« avions pu constater l'urbanité parfaite de
« ses habitants et l'absence à peu près com-
« plète de fanatisme.

« Chez les fonctionnaires nous avions ren-

« contré une douceur de mœurs, une politesse
« et un désir d'obliger poussés aussi loin que
« possible.

« Partout nous avions joui du spectacle
« d'une liberté dont personne ne songeait à
« abuser. Dans ce pays où il eût été si facile
« de violer la loi, elle était respectée de tous,
« chacun vivait à sa guise sans gêner son
« voisin. Le Maure ou le Juif commerçant
« vendaient aux souks tout le jour ; le Kabyle
« travaillait de ses mains, bâtissait, exerçait
« un métier quelconque ; l'Arabe venu de la
« campagne trafiquait tranquillement de ses
« denrées dans les fondouks ; le saint faisait
« des miracles et vivait aux dépens du com-
« mun ; le pauvre dormait, se contentant
« d'une obole pour soutenir son existence ;
« le soldat feignait de garder la ville qui
« n'avait pas besoin de gardiens ; les étran-
« gers s'agitaient, cherchant a gagner leur
« vie et trouvant la fortune.

« Aussi, quand par suite de l'esprit re-
« muant de certaines tribus qui ne veulent su-
« bir aucun joug, une insurrection bien peu
« prévue altéra pour quelques mois la sécurité

« du Souverain, et le força de lever une véri-
« table armée, la ville de Tunis, confiante
« dans le Pouvoir dont elle connaissait la dou-
« ceur paternelle, ne prit aucune part à la
« rébellion, et donna même au prince et à ses
« ministres de précieux gages d'inaltérable
« fidélité. »

Quand Paris méritera-t-il un semblable
éloge? Quand nous offrira-t-il des garanties
aussi sérieuses de calme, d'ordre et de tranquillité? — Qu'il cesse d'abord de vouloir, à
tous propos, « donner des leçons » au pouvoir. Qu'il renonce à se payer de mots, à prendre l'ombre pour la proie, et qu'il soit bien
convaincu qu'après avoir été poussé par ses
meneurs aux entreprises les plus criminelles,
le peuple, le vrai peuple ne profite en rien
des folies dans lesquelles on le lance périodi-
quement. Qu'il n'oublie pas enfin cette profonde parole du grand Casimir Périer : « Il
« faut apprendre aux peuples qui prétendent
« à l'honneur d'être libres que la liberté
« c'est le despotisme de la loi. »

Pour en arriver là, Paris a besoin de faire
son éducation morale et politique : il a besoin

d'acquérir la notion raisonnée du vrai et du faux, le respect de la loi et des traditions, la connaissance des hommes et des choses. S'il recherchait ce que lui ont valu quatre-vingts ans de révolutions et de bouleversements successifs, s'il méditait la leçon de l'expérience, il conviendrait sans peine qu'il a plus perdu que gagné, qu'il a été exploité par une foule d'ambitieux de tout acabit, dupé par ses idoles d'un jour, trahi par ses chefs, et que lui seul fut mitraillé, déporté, fusillé, tandis que les autres l'abandonnaient au moment du péril, se tenant prudemment à l'écart ou fuyant lâchement à l'étranger.

Mais loin de s'amender, les Parisiens d'aujourd'hui montrent encore ce caractère excessif en toutes choses (1) que Strabon, Tite-Live, Diodore de Sicile, Ammien Marcellin, et les écrivains de l'antiquité reprochaient aux Galls, issus des anciens habitants de l'Ou-Tet (Lutetia). « Ces hommes, disaient-ils, « sont francs et ouverts, hospitaliers, mais « vains et querelleurs. Ils sont enclins à la

____

(1) *Guerre des Communeux de Paris,* par un officier supérieur de l'armée de Versailles.

« débauche et à l'ivrognerie, mobiles dans
« leurs sentiments, amoureux des choses nou-
« velles, passionnés pour les aventures. On
« les voit prendre des résolutions subites et
« regretter, le lendemain, ce qu'ils ont rejeté
« la veille. Ils sont d'une incurie déplorable
« pour tout ce qui touche à leurs intérêts col-
« lectifs, ils n'entendent rien au mot patrie,
« et ils se livreraient aux derniers excès plu-
« tôt que de subir quelque froissement d'inté-
« rêt ou d'amour-propre personnel. »

Ouvrez l'histoire de Paris, et, à toutes les
époques, vous y trouverez, comme trait dis-
tinctif des mœurs parisiennes, ce besoin d'in-
surrections, de dépradations violentes, et
jusqu'aux tendances sécessionnistes dont parlent les *Commentaires* de César. — Rappelez-
vous, notamment, les désordres qui éclatèrent
pendant la captivité du roi Jean, après la
batille de Poitiers, les horreurs commises
par les bandes armées du prévôt des marchands Marcel et les partisans de Jean Mail-
lard ; il y a là une analogie frappante avec les
événements du 4 septembre 1870, la Commune de 1871, et les forfaits de nos modernes

insurgés. — Plus récemment encore, n'a-t-on pas vu les septembriseurs de 92, au nombre de *deux cent cinquante,* égorger, durant quatre jours, des prêtres, des vieillards, des femmes, des enfants sans défense au milieu d'une population timorée qui n'osa rien empêcher?—De nos jours enfin, Paris, terrorisé par Raoult Rigault et autres chenapans, ne laissa-t-il pas les *fédérés* communeux se livrer aux saturnales les plus hideuses, et accomplir avec une volupté féroce leur œuvre de sang et de pétrole?

Non, Paris ne dégénère pas. Aussi qu'est-il arrivé?—Fort de l'indolence de ses habitants, de leurs faiblesses, de leur esprit facilement accessible aux paniques, le banditisme international y a établi son quartier général, et il opère de compte à demi avec nos propres criminels. — Cette cité, réceptacle de l'écume de tous les pays, séjour de prédilection des gueux de toute espèce, réfractaires, gredins, déclassés cosmopolites, devait fatalement devenir le théâtre des plus grands méfaits et servir de laboratoire aux conspirateurs de toute provenance.

Ce mal n'est pas récent; il remonte même à très-loin. Mais, dans ces derniers temps, il s'est accru considérablement avec les excitations de la politique et les progrès du socialisme. Déjà sous Henri IV, Paris avait le triste privilége de donner asile aux scélérats et à la tourbe des gens tarés. Le Roi s'en étant plaint à Jacques Séguin, prévôt des marchands, celui-ci répondit :

« Syre, on vous a dict que le populaire de
« Paris estoit turbulent et dangereux; ôtez-
« vous cela de l'esprit, Syre.

« Voilà vingt années, ou à peu prez, que
« je m'occupe d'administration, or il m'est de
« science certaine qu'on insulte méchamment
« vostre honneste ville de Paris. Elle ren-
« ferme, il est vray, deux sortes de populai-
« res bien dissemblables et d'esprit et de
« cœur. Le vray populaire, c'est-à-dire né et
« ellevé à Paris, est le plus laborieux du
« monde, voire même le plus intelligent;
« mais l'aultre, Syre, est le rebut de toute la
« France; chaque ville de vos provinces a son
« égout qui amène ses impuretez à Paris!
« Par exemple, une fille...... à Rouen : vite

« elle prend le coche et débarque à Paris
« pour ensevelir sa honte. Elle met au monde
« un petit estre, et c'est le Parisien qui nour-
« rit l'enfant du Normand ; puys on dict : Le
« Parisien aime la cotte !.....

« Un homme a-t-il volé à Lyon ; pour échap-
« per à la police, il vient se cacher à Paris,
« et comme le mestier de voleur est le plus
« lucratif par le temps qui court, il coupe les
« bourses de plus belle ! S'il est pris, voicy
« ce qui arrive : C'est le Parisien, qui est le
« vollé, qui nourrit le Lyonnais qui est le vo-
« leur !

« Un Marseillais a-t-il assassiné ; Paris est
« son refuge et son impunité. S'il tue encore
« quelqu'un, c'est-à-dire un Parisien, la pro-
« vince dict : Il n'y a que des brigands à
« Paris !

« Syre, il est temps que tout cela finisse.
« La ville de Paris ne doit plus estre l'hostel-
« lerie des ribaudes et des bandits de vos
« provinces. Que des lois énergiques rejettent
« cette écume hors de la ville, afin que le
« flot parisien reprenne sa transparence et sa
« pureté. »

L'avis de Jacques Séguin plut au Roi, et un édit du 4 mai 1607 enjoignit « D'EXPULSER « DE LA VILLE TOUS LES MENDIANTS VALIDES, ET « DE RENVOYER DANS LEURS PAYS LES OUVRIERS « SANS OUVRAGE. DÉFENSE FUT FAITE DE LAISSER « ENTRER DANS PARIS TOUS INDIVIDUS NE POU- « VANT PROUVER LEURS MOYENS D'EXISTENCE OU « UNE OCCUPATION SUIVIE ET LUCRATIVE. »

Nos malheurs attestent combien il est regrettable que cet édit soit tombé en désuétude. Pourquoi donc l'administration actuelle ne l'a-t-elle pas rétabli?—Aujourd'hui ce ne serait plus un simple règlement de police, mais bien une mesure de salut public.—Nous voudrions aussi des dispositions rigoureuses contre ces écrivains sans nom qui se font un infâme métier d'ameuter la foule, de lui enseigner les doctrines les plus perverses, et de la pousser aux idées de bouleversements, de paresse, de jouissances à outrance, de cupidité, de haine, d'orgueil et d'envie. Voilà comment on pourrait « rendre au flot pari- « sien sa transparence et sa pureté. » Malheureusement il n'en est pas ainsi, tant s'en faut! On ferme les yeux sur beaucoup trop 'abus ; on tolère bénévolement l'existence d'une littérature fangeuse qui distile, chaque jour, les poisons dont se sature la populace, et qui, suivant l'énergique expression de Prudhon, « n'est propre qu'à faire des dupes et « des escrocs, à jeter le peuple dans le sen-« sualisme le plus éhonté, en le menant à « l'hébétitude de l'esprit et du cœur. »

« Personne, écrivait M. Guizot, personne « ne voit les fautes de ma patrie plus claire-« ment que je ne fais. Personne ne les con-« damne plus énergiquement. Les fautes de « la France me causent même plus de cha-« grins que ses malheurs ; mais je ne déses-« père jamais de ses bonnes qualités, quoi-« qu'elles puissent paraître effacées par ses « fautes, et je suis sûr que le bien qui est en « elle ouvrira des ressources infinies, même « lorsque l'avenir sera le plus sombre. »

Partageons cet espoir, ayons foi en la merveilleuse vitalité de notre pays, mais tâchons de lui faire comprendre que les crises révolutionnaires qu'il expie si cruellement n'ont d'autres causes que sa résistance habituelle aux lois en vigueur, sa manie constante de renverser l'ordre de choses établi, sa soif d'acquérir *per fas et nefas*, son engouement pour des hommes dont la légèreté, l'ignorance et l'incapacité nous ont coûté tant de hontes et de désastres. Signalons encore le manque d'énergie ou le défaut d'entente de ses classes dirigeantes, l'insouciance de sa bourgeoisie, les vaines aspirations de ses utopistes, les déclamations insensées de ses ambitieux, les viles instincts de sa plèbe. — A l'œuvre donc, vous tous qui avez pour mission de convertir le peuple par l'élévation de vos idées, la grandeur de vos sentiments, et le patriotisme de votre conduite. Hâtez-vous, car le péril est immense, et méditez cette sage pensée de Villeroi, l'auteur des *Mémoires* qui l'ont fait surnommer le Fabius français, quand il écrivait, à propos de l'état des esprits à l'avènement de Henri IV : « La France était lasse et voulait « en finir, tant la justice et le droit ont de « puissance sur les hommes, spécialement « après que les maux les ont rendus sages. »

Puisse notre exemple préserver la Tunisie de pareilles calamités et lui épargner de connaître jamais ni les haines, ni les discordes civiles! Dieu veuille que ses habitants restent forts, unis et honnêtes! Ils éviteront ainsi les plaies sociales qu'engendre l'extrême civilisation chez les peuples trop pressés de jouir de ses bienfaits, ou trop présomptueux pour ne pas accepter ce qui est la loi de notre malheureuse humanité. En voyant les Tunisiens se maintenir dans la voie du progrès prudemment et sagement appliqué, nous leur disons avec le poëte :

« *Vivite felices, quibus est fortuna peracta*
« *Jam sua; nos alia ex aliis in fata vocamur.* »

FIN.

TABLE DES MATIÈRES·

FIN DE LA TABLE.

Verdun, imp. de Ch. LAURENT.